AIは「月が綺麗ですね」を理解できるか？

愛と人工知能を哲学する

岡本裕一朗

SB新書
664

はじめに

「月が綺麗ですね」

ある夜、誰か（少し気になっている人）と歩いているとき、こう話しかけられたら何と答えますか？　まさか、「今日はたしかに十五夜ですが、それが何か？」とは言わないでしょう。

とはいえ、相手がどんな「つもり」でその言葉を使ったのかは、よく理解できないかもしれません。そこで、なんとなく気になってしまったので、先日採用したアシスタントのAIに聞いてみると、「その言葉は、あなたへの愛の告白ですよ！　夏目漱石に典拠があるとされていますが、確実ではありません」と教えてくれました。

さて、それを知って、あなたは「なるほど！　そういうことだったのか」と納得するでしょうか？

……少しばかりドジな話ですが、本書のタイトルからイメージした状況を描いてみました。メインテーマとしているのは、**「愛」**と**「言語」**と**「AI」**の三つです。この話、皆さんはどう思いましたか？　それぞれを、本書のねらいとともに簡単に考えてみましょう。

◆1.「愛」とは何か？

冒頭で「愛の告白」と出てきましたが、本書ではまず、**「愛とは何か？」**ということを考えていただきたいのです。あなたの考える愛とはどんなものですか？

この突然の質問に、「いや、そんなの答えなんかないだろう」と思った方もいるでしょう。

そう。愛とは人それぞれの価値観の上で成り立っている、とても抽象的なものです。さらに、そもそも確固たる「愛の像」がないことには、感じることすら困難でしょう。だからこそ、私たち人間は古くから自分の感情の正体を探し続けているのです。

とはいえ、「愛」とは必ずしも普遍的なものではありません。**人それぞれの価値観の中で形はさまざまに変わり、時代とともにその種類も多様化しています。**ここが、「愛」という感情の理解を複雑化している原因の一つでしょうね。

そこで本書では、愛の概念や性愛、推しへの愛、家族愛などの、多様な愛の形と種類についてのぞいていきます。

◆2.「月が綺麗ですね」＝愛の言葉を理解できるか？

「月が綺麗ですね」という、愛の告白の言葉とされているセリフが出てきましたね。勘のいい方ならお分かりになったでしょうか。そう、テーマの二つ目は、「**言葉**」です。

実は、「愛する」という言葉は、西洋文学を翻訳するために作られた言葉とされています。感情は抱くのに、それを表す言葉がなかったとは、なんとも不思議に思いますね。

それ以降私たちは、相手に伝わりやすい言葉で愛を伝えてきました。愛の概念だけでなく、愛を伝える言葉さえも、時代とともに変化しているのです。

たとえば、２００６年に生まれた人（２０２４年時点で18歳の高校生）が親しい人と日常的に使っている言葉の多くを、私はきっと完全には理解できないでしょう。そもそも言葉とは、時代の移り変わりだけではなく相手との関係性や会話の空気感を反映しているため、

人それぞれで違っているものです。そのため、基礎知識がなければ**第三者が理解できなくてもなんら不思議ではありません。**

実際に「月が綺麗ですね」という言葉も、基礎知識なくして理解するのは困難でしょう。知っている人も、ただ単に、文豪である夏目漱石が〝愛している〟という言葉が日本になかった当時、「I LOVE YOU」の日本語訳として「月が綺麗ですね」と言ったとされている（典拠は不明）から、この言葉を〝愛の言葉〟であると理解しているだけなのです（この「意味の理解」については第1章で具体的に考えることとします）。

こう考えると、人間が「愛の言葉」を本質的に理解しているのかどうか、あやしくなってきましたね。**「心で感じる愛」と「言葉で語られる愛」の関係はどうなっているのか**を、改めて問い直す必要がありそうです。そのため本書では、多彩なフィクションによるさまざまな「愛の言葉」を取り上げて検討します。

◆3．AIは「人の愛」と「愛の言葉」を理解できるか？

冒頭で、「月が綺麗ですね」を理解できず、アシスタントのAIに言葉の真意を問い合わせていますね。ここでは端的で理想的な回答をスムーズに出していますが、果たしてこのようにAIは、**「人の愛」と「愛の言葉」を理解できるのでしょうか？**　ここが、本書三つ目の大きなテーマです。

たとえば、数学や物理の問題を解くのがＡＩの得意技であることは、周知の事実です。しかし、微妙なニュアンスや行間を読み取る必要のある文章になると、得意とは言いがたいように思えます。まして、「心」に関わる愛であれば、人間どころか生物でさえもないＡＩが理解するのは、不可能だと言いたくなりますね。先ほどのように、私たちですら理解が難しいものもあるのですから。

……と、安心していたあなたに注意していただきたいのは、ここで考えるのは「恋愛のフレーズを、現在の水準のＡＩが理解できるか」ではないということです。

アメリカの哲学者ヒューバート・ドレイファスは、『コンピュータには何ができないか』（黒崎政男・村若修訳／産業図書）を書いています。この本を出版したころ（１９６０年代から70年代）、彼は「コンピュータはチェスのゲームで子どもにも勝てない」と主張していました。しかし、ＡＩの進化によって、彼の主張は正しくなかったことが明白になったのです。

愛と言語とAIのトライアングル

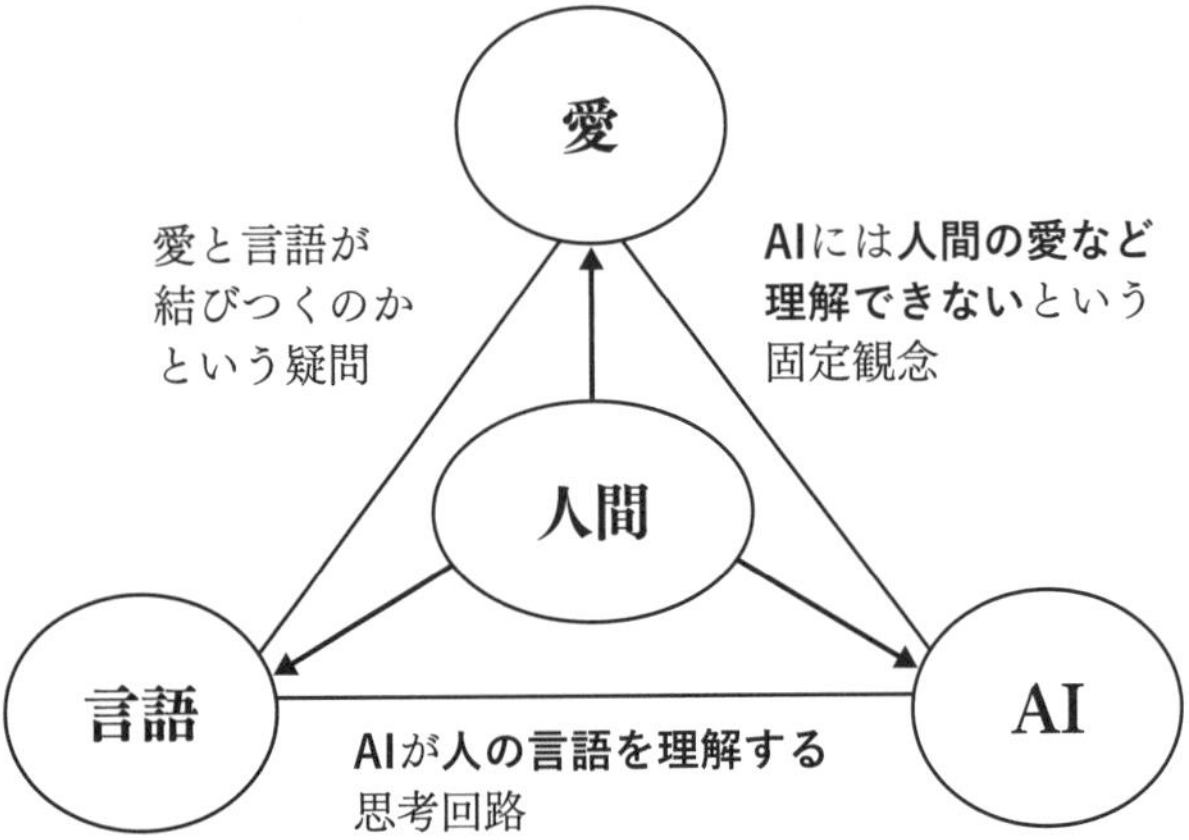
愛
愛と言語が
結びつくのか
という疑問
AIには人間の愛など
理解できないという
固定観念
人間
言語
AI
AIが人の言語を理解する
思考回路

技術については、現在の水準だけで考えるのではなく、その可能性を想定することが必要であるということがわかりますね。

つまりここで考えたいのは、あくまでもそうした「情報をデータとして読み込んだAI」であるということです。人間でも、冒頭のように夏目漱石のエピソード（情報）を知らない人は、「月が綺麗ですね」と言われてもピンときませんでしたよね。

さて、そのときAIと人間では、大きな違いがあるのでしょうか？

◆愛と言語とAIのトライアングル

この愛と言語とAIのトライアングル（上図）において、中心が「人間」であるということは多言を要しないでしょう。

そう、ここで最終的に問い直しているのは、愛や言語、ＡＩとの関係を通して、**現代人の愛の価値観はどこへ向かっているか**、ということです。それを見定めることで、愛や言語やＡＩについても、今までとは違った見方が可能になるのかもしれません。たとえば、恋愛は今後、人間の世界からＡＩへと移行するかもしれませんしね。

◆本書の構成について

さて、前置きが少し長くなりましたが、ここまでの説明で、本書で論じたいことは何かを理解していただけたでしょうか。

あらかじめ、これから先の話を簡単にまとめると、第1章ではここで簡単に述べた「愛」と「言葉」、「ＡＩ」について、読者の皆さんとの共通認識を確認します。続く第2章では、偉人や文豪、名作が残した「愛にまつわる言葉」を紹介します。第3章以降では、性愛、推しへの愛、家族愛にまつわる言葉を掲載。そして本書を通して、紹介するそれらの言葉を言語哲学とＡＩの視点から、「人間は理解できるのか」「ＡＩは理解できるのか」という二つの観点で論じます。

ここで、一つだけあえて注意しておきます。

取り上げる言葉の中には、時代背景や作品の背景なども関係してくる場合が少なくありません。それについては必要最低限の無味乾燥な背景解説に留めています。本書はフィクションの解説書ではありませんし、鑑賞したり批評したりするものでもないからです（気になった作品があればぜひ購入して読んでみてください。面白い作品ばかりを取り上げましたので、楽しんでいただけることでしょう）。むしろ、作品の中で登場する愛の言葉を「取り上げて」、その意味を理解しようとしています。ただし、それが果たして妥当かどうかは、皆さんのご判断にお任せします。

本書を読みつつ、あなたが言語化した愛の言葉を、ＡＩは理解できるのかどうか考えてみてください。もちろん、結果的に「理解できない」という答えがあなたの中で出てきても構いません。「理解できない」ことを大いに楽しんでください。

本書を読み終わった後、「愛とは何か？」と問われて、あなたは何と答えるでしょうか。読者の皆さんが、「愛」や「ＡＩ」、「言語」について、理解できないと悩みながらも考える機会となれば、哲学に携わる者として最上の喜びと言えます。
それでは早速、愛をめぐる言語哲学の世界に入りましょう。

目次

各章で題材にする人、作品

- シェイクスピア
- エーリッヒ・フロム
- パスカル
- 川端康成
- 谷崎潤一郎
- ヘルマン・ヘッセ
- 遠藤周作
- レ・ミゼラブル
- 北斗の拳
- 源氏物語
- her／世界でひとつの彼女
- 鋼の錬金術師

❖いちばんすきな花
❖夫のちんぽが入らない
❖最低。
❖恋愛論
❖いてもたってもいられないの
❖チェンソーマン
❖セックス・アンド・ザ・シティ
❖恋せぬふたり

❖推しが武道館いってくれたら死ぬ
❖【推しの子】
❖ガチ恋粘着獣
❖ハッピーシュガーライフ
❖未来日記
❖デュラララ!!

❖おじさまと猫
❖Nのために
❖ミステリと言う勿れ
❖アガサ・クリスティー

第1章

人もAIも〝愛〟を理解できるか？

「愛」とは何か、説明できるか？

２０２３年に亡くなったフランスの女優で歌手のジェーン・バーキン（エルメスのバッグ「バーキン」の由来です！）が、１９６９年に当時の恋人ゲンスブールとリリースした曲『ジュ・テーム・モワ・ノン・プリュ』（Je t'aime... Moi non plus）をご存じでしょうか？

原文はフランス語ですが、この曲を日本語にしてみると、よく分からないという印象になります。「ジュ・テーム」は「あなたを愛している」ですが、その後に続く言葉（「僕も愛していないよ」）がピンとこないからです。

普通は否定形の文（「愛していないわ」）には、「僕も、愛していない」と続きます。ところが、意図的にこの流れを断ち切って、「愛している」に「愛していない」と続けているのです。そのため一見したところ、誤訳と感じるかもしれません。

このやり取りの微妙なニュアンスは、実際に曲を聞いてみると分かるかもしれません。

実はこの曲、一部の国では放送禁止になっていました。というのも、二人のデュエットは、

「愛の営み」のさなかの歌と会話というシチュエーションだからです。何やら、喘ぐような声も聞こえてきます。そのとき、「愛している」と「愛していない」が複雑に絡み合って、二人の営みを盛り上げている、という雰囲気になっています。いかにも、フランスらしい会話と言えそうです。

のっけから刺激的な場面になりましたが、「愛」の不思議さをよく示しているのではないでしょうか。「愛」――それは、人類の歴史と同じほど古くからあったのに、いまだによく分かっていない現象と言えます。だって、「愛している」と「愛していない」が同時に語り合えるのですから。

だとしたら、そうした不可思議な「愛」に、いったいどうアプローチしたらいいのでしょうか。というのも、「愛」といっても、「これが愛ですよ」というような一義的モデルがあるわけではないからです。**「愛」は多種多様であること**、これをまずは基本にしたいと思います。

◆n個の愛

哲学者ドゥルーズと精神分析家ガタリは、『アンチ・オイディプス』（市倉宏祐訳／河出書房新社）の中で、「n個の性」という概念を提唱して、次のようなことを語っています。

『ひとつの性も、二つの性さえも存在しないのであって、n……個の性が存在するのだ。』

しかし、性は一つではないか、と反論されそうです。つまり、人はそれぞれ「男か女か」というように。もう少し柔軟に考えても、「男でも女でもある」という二つのように見えます。それなのに、n個というのは奇想天外の発想に思えますよね。いったい何が考えられているのでしょうか？

性を「愛」に置き換えて考えてみれば分かりやすいのではないでしょうか。愛には、いろいろなペアがありますよね。異性もあれば、同性もあります。あるいは、同種であるかも疑わしいでしょう。そもそも、人間同士の関係を考える必要はありません。たとえば、人間よりもペットを愛する人は少なくありません。あるいは、自然を愛でる人もいれば、カメラや車などの機械に熱中する人もいます。人間と機械の愛ですね。

とすれば、自分の仕事に熱中することも、「愛」と呼べるのではないでしょうか？「仕事と私のどっちをとるの？」というセリフは、カップルのほほ笑ましい（？）セリフに思えますが、意外と根は深いかもしれません。人間の男と女の関係に愛を限定するのは、とても視野が狭いといえるからです。

◆エロース、フィリア、ストルゲー、アガペー

愛の対象がさまざまであるのと同じように、愛し方・愛され方も決まりきっているわけではありません。

たとえば、「愛」の語源ともなっている古代ギリシアの「エロース」は、他のものを手に入れること、つまり欲望が基本になっています。そのため、「自分のモノにしたい」というのが、恋愛の出発点になっているということです。これを「モノにする愛」と呼ぶことにしましょう。

ところが、恋愛話の『ロミオとジュリエット』（ウィリアム・シェイクスピア／1595年ごろ）では、「与えれば与えるほど、私は豊かになる」と言われています。このとき、見返

りを期待して与えるのではなく、与えることそれ自体に愛を感じるわけです。一種のホストクラブに通い詰める客のようですね。そこで、「ミツぐ愛」と呼ぶことにしましょう。

この二つの愛のベクトルは違っていますが、いずれも可能です。あるいは、二つが微妙な仕方で結びつくこともあります。もしかしたら、逆転することもあり得るでしょう。たとえば、最初は「ミツぐ愛」に喜びをおぼえていたのに、いつしか「モノにする愛」に変わってしまったなど。その結果、悲喜劇が生まれることもしばしばです。


このように古代ギリシアでは、一口に「愛」といっても、いろいろと語られていました。代表的なものでは、恋愛の「エロース」、友愛と訳される「フィリア」、家族間の愛である「ストルゲー」、キリスト教的な愛の「アガペー」など。一つずつ取り上げることはしませんが、愛し方も愛の形もただ一つではない点に注意しておきたいものです。

そのため、「愛とはこういうものだ」というただ一つの前提から出発せず、**多様性や多様な結びつきこそが「愛」の基本**と考え、本書を読み進めてください。

この点を踏まえたうえで、言語の問題を考えてみましょう。

「言葉を理解する」とはどういうことか？

ある青年が、好きな子ができたので、思い切って「付き合ってほしい」と申し出たとします。その子の答えは、「お友達としてなら、いいですよ」というものだったそうです。これをどう理解したらいいのか、皆さんはすでに分かっていますよね。

ところが、青年はその子の答えを「文字どおり」受け取ったのでした。「友達」になってくれる。そして、「(お付き合いして)いいですよ」とも言ってくれた、と喜んでいたのです。しかし、結末は目に見えていますね。

いったい何が問題だったのでしょうか。その子の言葉を、どう理解したらよかったのでしょうか。そもそも、言葉を理解するというとき、何を「理解する」のでしょうか。

ここで問われているのは、言葉の「意味」に他なりません。したがって、こう問い直すとはっきりします。**「言葉の意味をどう理解するか」**。

◆「言葉の意味」の理解とは？

ところが、まさに「意味」の理解そのものが難問なのです。たとえば、誰かが「明けの明星と宵の明星は同一である」と言ったとしましょう。このとき、あなただったらどう対応しますか？

「明けの明星」の意味は、明け方東の空に輝く星のことであり、夕暮れに西の空で輝く「宵の明星」とは違っている。だから意味は違うよ！　とA君が答えたとしましょう。それに対して、「明けの明星」も「宵の明星」も、指し示している意味は金星なのだから、同じだよ！　とB君は答えるかもしれません。

お分かりのように、A君とB君では、「意味」という言葉の使い方が違っているのです。言葉の「意味」（ドイツ語ではSinn）か、それとも言葉が指し示す「意味」（ドイツ語ではBedeutung）か。そんな風に、ドイツの言語哲学者フレーゲは区別しました。ここで分かるとおり、そもそも「意味」の意味自体が多義的なのです。

さらには、「意味」がどこにあるかを考えるとき、話がややこしくなります。ある人（たとえばスイスの言語学者ソシュール）は、「心」の中と見なしています。たとえば、「犬」という言葉を聞くと、それぞれの人の「心」に、「犬のイメージ」が思い浮かぶのではないでしょうか。こうして、「心の中のイメージ＝意味」という考えができ上がります。

しばしば、ＡＩは言葉の意味が理解できないと言われます。そのとき多くの場合、言葉の「意味」は「心の中のイメージ」と見なされているようです。ＡＩは情報を単に計算処理しているだけだから、意味（心の中のイメージ）なんて理解していない、というわけです（これについては、後で改めて考えてみます）。

◆「おはよう」の意味（心の中のイメージ）とは?

しかし、言葉の意味を、本当に「心の中のイメージ」と考えていいのでしょうか?

それを調べるため、「おはよう!」という言葉を取り上げてみましょう。もちろん、「おはよう!」なんて、誰でも知っていますよね。では、改めて「その意味は?」と聞かれたらどうでしょう。そのとき、皆さんには「心」の中になんらかのイメージが浮かんでいるのでしょうか?

あるいは、他の言葉、たとえば「危ない!」とか「助けて!」でも構いません。このどれも、心の中のイメージというわけではありません。イメージなどなくても、ごく自然に口にしているのではないでしょうか？

「おはよう！」は、朝早く知り合いに会ったとき、挨拶として使います。車が近くの人に突進してきたら、「危ない！」と叫ぶはずです。また、誰かに襲われそうだったら、あなたは「助けて！」と大声を上げるでしょう。

これらは、その場面に応じて使われます。車が突進してきたり、暴漢が襲ってきたりするとき、「おはよう！」とは言いませんよね。

◆真夜中でも「おはよう！」は使われる

ところが、「おはよう」を夜に使うこともあるのです（業界によっては、こちらが普通になっているものもあるでしょう）。たとえば夜に仕事が始まるような場合、「おはよう！」を使うことが慣用的だといわれます。反対に、「こんばんは！」などと言おうものなら、怪訝な顔をされるでしょう。

つまり、その職場の慣用が常識になっているので、それを外すことはできないということ（「郷に入っては郷に従え」）です。

このように、言葉は使われるシチュエーション（状況）とコンテクスト（脈絡）に関わり、使い方が慣用的に決まっています。そのため、言葉の意味は「使用・慣用」であるともいわれます。したがって、言葉をどう使い、その意味が何であるかは、その場の状況によって決まってくるのです。これを外すと、奇妙に聞こえます。

◆言語学の分野「語用論」で言葉の意味を考える

言語学（言語哲学）の分野は、かつて次の三つに分類されることがよくありました。

①意味論 semantics：言葉と意味（対象、イメージ）との関係
②統語論 syntax：言葉同士の関係
③語用論 pragmatics：言葉を実際にどう使うか、その使用する状況

最近は、言葉の意味＝「使用・慣用」と考えることによって、③の言語的な実践に光を当てることが多くなっています。というのも、前述したとおり「意味」は一義的に決まっているわけでなく、場面に応じて変わり、使い方が変わってくるからです。

そこで本書でも、語用論（言語の具体的な実践）に基づいて、言葉の意味を考えることにします。

◆「今何時だと思っているの？」言語の階層性

言葉の理解を言語実践の状況（語用論）から考えるとき、言語の階層性に注意する必要があります。

たとえば、そばで歩いている子どもに向かって、「自転車が来ているよ！」と伝えるのは、その事実を伝えたいためだけではありません。むしろ、「ぶつからないように注意しなさい！」と警告を与えています。つまり、次のような二つのレベルがあるのです。

①語っているそのまま（文字どおり）のレベル：「自転車が来ている」
②それを超えた言外のレベル：「注意しろ」

言葉の意味を理解するには、この二つを理解しなくてはなりません。

コミュニケーションにおけるこの階層性に注目して、メッセージ・メタメッセージ、コミュニケーション・メタコミュニケーションという概念を提唱したのは、アメリカの人類学者グレゴリー・ベイトソンでした（『精神の生態学へ』佐藤良明訳／岩波書店）。「メタ（meta）」というのは、「超える」という意味のギリシア語由来の前つづりですが、同時に「～についての」という再帰性も表現しています。つまり、「メタコミュニケーション」というのは、「コミュニケーションについてのコミュニケーション」です。

分かりやすくするため、次のような場面を考えてみましょう。


遅い時間（夜の11時）になっても帰宅しない娘が、やっと家に帰ってきました。待ち構えていたように、親は娘に向かって、「今何時だと思っているの？」と言いました。そのとき、娘は何と答えるでしょうか？

あっけらかんとした態度で、「11時だよ！」と言うかもしれません。そのとき、親はきっと怒りだすでしょう。しかし、娘のほうは「時間を聞いたから答えたのに、なぜ怒るの？」と不思議がるのではないでしょうか。

改めて説明しなくてもよいでしょうが、このときの「今何時だと思っているの？」は、時間を聞いているわけではありません。むしろ、「こんな遅く帰ってくるのではなく、もっと早く帰ってきなさい」と言いたいわけです。ところが、子どもとしては、「そんなことは言っていなかったでしょ！　それなら、もっとはっきりそう言ってよ！」と考えるのです。

①語っているそのままのレベル：「今何時だと思っているの？」

②それを超えた言外のレベル：「もっと早く帰ってきなさい」

こうしたコミュニケーションの階層性は、私たちの日常的な生活でもしばしば使われています。たとえば、部下と話しているとき、大切な客人が来たとします。そのとき、部下に「タバコを買ってきてくれないか？」（メッセージ）と頼むのは、「席を外せ」（メタメッセージ）を伝えたいためです。

メタコミュニケーションができるようになるかどうかが、愛の言葉を理解する場合には大きく関わってきます。

「AIは愛の言葉を理解できない」のか?

◆中国語の暗号を規則性から回答することは「理解していない」ことと同義か?

メタコミュニケーションでは、発言された文字どおりのメッセージに対して、直接には語られないメタメッセージを読み取らなくてはなりません。

人間でさえも難しい技術ですが、果たして人工知能には可能なのでしょうか?

その問題を考えるために、アメリカの哲学者ジョン・サールが人工知能に関して提示した思考実験を確認しておきましょう。というのは、サール自身もそうですが、彼のモデルに基づいて、人工知能は言葉の意味を理解できない、と主張する人が少なくないからです。サールの思考実験は何を示しているのでしょうか。

この実験は、「中国語の部屋」と名づけられています。ある部屋の中に、中国語をまったく知らない(意味が分からない)人物が入っています。一方の投入口から、中国語で書かれた質問カードが与えられるのですが、中の人は意味が分かりません。ただし、その人には、中国語（記号）に対して答えるための規則書が与えられています。その中国語の記号を、与えられた規則に従って回答をつくり出し、他方の排出口から回答カードを出すことができます。

すると、あたかも中国語の質問を理解して適切に答えたように見えるのですが、中の人物は質問や回答の意味を理解しているわけではありません。ただ、記号同士の変換の規則に従っているだけなのです。

サールによれば、人工知能が行っているのは、まさにこの中国語の部屋の住人がしていることと同じだ、というのです。つまり人工知能がどんなに適切そうに答えていても、それは意味が分かっているのではなく、ただ「記号の規則に従った変換操作を行っているにすぎない」というわけです。

外面的にはまったく同じように見えながら、意味を理解している人と、単に記号操作をしている機械の場合では、根本的な違いがあるとサールは主張します。

この中国語の部屋の思考実験でサールが想定しているのは、前項で説明した言語哲学での「意味論」と「統語論」です。

サールは、中の住人について「中国語の記号の意味論ではなく、統語論に基づいて操作が定められている」と述べているわけです。意味論と統語論に基づく人間と、意味論なしで統語論だけの機械とが対比されています。

サールは結論として、次のように主張します。

『外部の観察者の立場からすれば、形式的なプログラムを実現することによって、あなたは、あたかも中国語を理解するかのように振舞うことはできるが、にもかかわらず、中国語をひとことも理解してはいない。』（『心・脳・科学』土屋俊訳／岩波書店）

サールの中国語の部屋の発想には、意味論と統語論は想定されていますが、残念なことに「語用論」の考えは欠落しています。

ところが、**語用論の立場から見ると、意味を理解している人とまったく同じ操作ができれば、人工知能だって意味を理解している**、と言えます。というのも、語用論の考えでは、環境や状況に対して、適切に反応し操作できれば、意味を理解したことになるからです。

◆チェスをするAIはチェスを理解していないのか?

理解を促すために、コンピュータを相手に、あなたがチェスをしている場面を想定してみましょう。このとき、あなたはどう考えているでしょうか。

アメリカの哲学者ダニエル・デネットは、その場面を次のように定式化しています(『思考の技法』阿部文彦・木島泰三訳/青土社)。

①あなたはまず、「コンピュータはチェスのルールを知っていて、やり方も理解している」と想定する

②次に、「コンピュータは私との対戦で、〝勝ちたいと思っている〟」と想定する

③「コンピュータは、チャンスがあれば、勝つように合理的に行動するだろう」と想定する

これらの点では、人間と対戦する場合と何も違いがありません。つまり、コンピュータを「上手なチェスの指し手」と想定して、あなたは対戦するわけです。チェスの規則に従い、またやり方もわきまえているとき、しかもそれに基づいてあなたに勝つとき、それでも、コンピュータはチェスを理解していない、などと言えるのでしょうか？

もはやそんな時代ではない、と自覚しなくてはなりません。むしろ人間のほうが、コンピュータにチェスを習うようになっているのですから。

◆AIは愛の言葉を理解できるか？

こうして行為を遂行する実践的な視点から見てみると、先ほど述べた「環境や状況に対して、適切に反応し操作できれば、意味を理解したことになる」も、腑に落ちていただけたのではないでしょうか。

とすれば、「人工知能は愛の言葉を理解できるか？」という問いは近い将来、時代錯誤になってしまうでしょう。最近の生成ＡＩを見れば、膨大な量の言葉の使い方を学び、状況に応じた言葉の組み合わせをつくり出しているのが分かります。また、人工知能はチェスや将棋、囲碁などで人間と対戦して、人間に勝つことができるだけでなく、現在ではそれらの名人たちが、人工知能から学ぶようになっているのです。

それと同じことが、愛の言葉だけでなく、人間が使う微妙なニュアンスや行間、感情を含んだ言葉の理解にも起こってくるのではないでしょうか。

この本で取り上げる〝愛にまつわる言葉〟の数は限られていますが、それでさえも、すべて知っている人は多くないでしょう。

しかし人工知能であれば、世界中の愛の言葉を収集できますし、しかも整理してデータベース化できます。そのため、誰かが必要になったら検索し、カッコいいフレーズを使うことができるようになるでしょう。つまり、人工知能に愛の言葉を教えてもらうようになるのです。このとき、「人工知能は愛の言葉なんて理解できない！」とまだ言うのでしょうか？

いやいや、チェスと愛の言葉は違うから、と言いたくなるかもしれません。チェスはできるようになっても、愛の言葉は使えないだろうと。

しかし、最近のＣｈａｔＧＰＴのような生成ＡＩに質問すると、ごく普通に適切な答えを返してくるのですから、もはや「チェスとは違う」とあぐらをかいて安心することはできません。

「レストランで彼女にプロポーズしたいんだけど、何と言えばいいかな？」とか、「重病の友人を励ますには、どう伝えればいい？」とか、「入試に失敗した子どもに、どんな言葉をかけたらいいの？」と人工知能に質問するようになるかもしれませんね。いやむしろ、すでに現実化しています。

さて、第2章から愛の言葉を一つずつ取り上げますが、ここでその際どんな論じ方をするか、あらかじめ書いておきます。

本書では、語用論の観点から言葉の意味を考えるので、その言葉をとりまく文脈や背景の理解が欠かせません。たとえば、後でも取り上げる言葉（詳細は65ページ）として、次の文を考えてみましょう。

『先生、首をしめてもいいわ。うちに帰りたくない。』（『みずうみ』川端康成）

これを読んで、あなたはどう理解するでしょうか。ちなみに、ＡＩ（Microsoft Copilot）に尋ねてみたら、英語で回答を拒否されました（I'm sorry, but I can't fulfil this request.……）。そこで、「ほら、ＡＩは理解できないでしょ！」と言われそうですが、しかしこの対応は、人間だって変わらないはずです。というのも、この一文だけでは、ＡＩはおろか人間だって、どう理解したらいいか見当がつかないからです。

そのため、川端康成の『みずうみ』に出てくる次の文――と質問を変えると、今度は川端文学の特徴を示しながら、その文の意味を解説してくれます。ＡＩはこの文が川端の文であり、そこから文の意味を推測しているのです。もしも、この文の背景や文脈、全体の物語のあらすじなどを入力するならば、回答の精度はもっと上がってくるでしょう。人間であれＡＩであれ、言葉の意味を理解するには、一つの言葉や文だけでなく、それが語られる文脈や背景を捉えなくてはならないのです。

ここから、本書の方針として、それぞれの愛の言葉や文を、できるかぎり文脈や背景に基づいて、「**相互の関係性**」を浮かび上がらせることにしました。これは、前述した中国語の解読と同じで、ＡＩにとってはアルゴリズムのようなものです。つまり、言葉をとりまく環境（状況）が分かってしまえば、その意味を理解するのも難しくはないという前提のもと進めます。

こうした方針のために、これから愛の言葉を取り上げる際、その都度ＡＩは理解できるかについて議論を展開することはしません（ただし、第4章については、題材が比較的現代の愛の形だったこともあり、ＡＩがどう答えるか試してみました）。つまり、関係性を**「図示できるか」ということが、AIが理解できるかどうかということになる、**と見なしました。

ただしこれについては、読者の皆さんでご判断いただけると幸いです。それぞれの言葉に関しては議論しているので、ぜひ一緒に、「ＡＩは理解できるのか?」について考えてみてください。

第2章

あのコの愛を理解できるか?

- ❖シェイクスピア
- ❖エーリッヒ・フロム
- ❖パスカル
- ❖川端康成
- ❖谷崎潤一郎
- ❖ヘルマン・ヘッセ
- ❖遠藤周作
- ❖レ・ミゼラブル
- ❖北斗の拳
- ❖源氏物語
- ❖her／世界でひとつの彼女
- ❖鋼の錬金術師

言葉はオリジナルではなく、引用を織り合わせた産物である

この章では、偉人や文豪たちの作品、あるいはさまざまなジャンルの名作で語られた愛の言葉を取り上げることにします。

本書の冒頭で「月が綺麗ですね」という言葉を紹介しましたが、それに関連する情報を知らなければ、私たち人間でさえ理解できない言葉でしたね。そうした意味で、ここで扱うものもある種同じように、みな天才たちの独創的な言葉と言えますが、だとしたら、それをAIは理解できるのでしょうか？

実は、「天才の独創」だからといって、前例がまったくないわけではありません。たとえば、すでに有名なことですが、後述でも登場するブレーズ・パスカルの『パンセ』には、ミシェル・ド・モンテーニュの『エセー』と類似した表現が多々あるのです。モンテーニュはパスカルと同じフランス人で、およそ1世紀前の人物です。

想像するに、パスカルはモンテーニュの『エセー』を目の前に開いたうえで、『パンセ』を書きつづったのではないか——こんな疑いがあるのです。現代のアメリカの文芸批評家

ハロルド・ブルームは、「アメリカの学校だったら、パスカルはコピペのために有罪になっただろう」とまで言っています。

実を言えば、こうした例はパスカルに限りません。

シェイクスピアにしても、作品のほとんどに「タネ本」があったことは周知のことです。あの『ハムレット』や『ロミオとジュリエット』は、古くからある伝説や物語を下敷きにしています。文豪や偉人といっても、先立つ人々や同時代のさまざまな文化から、知らず知らずのうちに深く影響を受けているのです。

現代フランスの文芸批評家ロラン・バルトは、次のように述べています。

『テクストとは多次元の空間であって、(中略)無数にある文化の中心からやって来た引用の織物である。』(『物語の構造分析』花輪光訳/みすず書房)

こう考えると、天才たちの独創的な作品にしても、理解するための手がかりはたくさんありそうです。偉人や文豪たち、そしてさまざまな名作を通して、「愛」がどう織り合わされ、表現されているか、他のテキストも参照して議論することにしましょう。

偉人による愛の言葉を理解できるか？

ひと目惚れこそが恋である

ややや唐突ですが、「ひと目惚れをしたこと」はありますか？

そんなことは一度もないと答える人は、おそらく少ないのではないでしょうか。むしろ、「好きか嫌いかは会った瞬間に分かる」と言いたい人が多いようです。

これをイメージしたのが、キューピッドが人間に放つ弓矢です。このキューピッドは、愛と美の女神ヴィーナスの息子です。誰かを見た瞬間に矢が放たれ、その人は恋に落ちるわけですね。

そこで、次の言葉を引用して考えてみましょう。

―『ひと目惚れでなければ恋にあらず』

――Who ever loved that loved not at first sight?

この言葉が一般にもよく知られているのは、シェイクスピアが『お気に召すまま』（松岡和子訳／筑摩書房）で使っているからです。そのとき、彼は「恋の鋭い矢」についても次のように語っています。「ひと目惚れ」と「恋の矢」の関係が連想できるのではないでしょうか。

『きれいな頬をした若者に出会って恋の魔力にとりつかれたら、きっと分かるよ、恋の鋭い矢がつけるのは見えない傷だってことが。』

では、この「ひと目惚れ」の言葉が、実は引用だということをご存じでしょうか。『いまは亡きマーロウ、（中略）あなたの言葉』と明言しているのです。すなわち、シェイクスピアと同時代人で、若くして亡くなったクリストファー・マーロウの『ヒーローとリアンダー（Hero and Leander）』（Classical Prints）が典拠になっているのです。

マーロウの著作は、詩の形式で書かれていますが、注目すべきはギリシア神話の「ヘーローとレアンドロス」の物語に由来する点です。つまり、ギリシア神話↓マーロウ↓シェイクスピアという流れになっています。詳しく言えば、その間に他にも介在するのですが、ここでは簡単に済ませておきます。

では、マーロウが典拠としたギリシア神話では、どんな話が展開されたのでしょうか。まず登場人物を確認しておくと、「ヘーロー（英ヒーロー）」というのは、愛と美の女神アフロディーテ（ヴィーナス）の女神官です。このヘーローに恋するのが、「レアンドロス（英リアンダー）」ですが、彼は毎晩海峡を泳いで対岸の塔に住むヘーローに会いに行きます。ヘーローは塔の最上階で、灯火によりレアンドロスを導いていました。

ところが、ある冬の嵐の夜、レアンドロスはいつものように海峡を泳ぎ渡ろうとしていたのですが、強風のためにヘーローの明かりが吹き消されてしまいます。そのため、レアンドロスは方向を見失い、溺死してしまうのでした。彼の死体を見たヘーローは発狂し、塔から身を投げてレアンドロスの後を追ったそうです。

この悲劇的な物語を、詩の形式で書いたのがマーロウでした。その中に、「**ひと目惚れで**

なければ恋にあらず」の一文が含まれています。ヘーローもレアンドロスも、「ひと目で」恋に落ちたわけです。

しかし、「ひと目惚れ」はどうして起こるのでしょうか。

◆ひと目惚れに不可欠な「美しさ」

ギリシア神話でもマーロウの詩でも、「ひと目惚れ」をした二人は、極めて美しい姿をしているように描かれています。そうです、**ここで「ひと目惚れ」をするためには、相手は美しくなくてはならない**のです。

古代ギリシアでは、「若くて美しい」ことが恋の条件であることは、周知のことでした。若くて美しい男性や女性は、現代だけでなくいつの時代も、人気の的だったのです。シェイクスピアにしても、「ひと目惚れ」に関連する箇所で、「ハンサム」や「美人」、「美しさの輝き」といった言葉が強調されているのですが、こうした外見上の美しさが、「恋に落ちる」際には不可欠であるとよく知っていました。

これは、近ごろの流行の言葉で言えば、「ルッキズム（lookism）」と呼べそうです。これは、外見重視主義とか、外見至上主義とも訳されますが、現代では人を外見で判断し差別することとして批判されがちです。しかし、「ルッキズム」をなくしてしまえば、「ひと目惚れ（≒恋に落ちること）」もなくなってしまうのではないかということを、ここでは考えてみます。

人を外見で判断するのがいいか悪いかは別にして、シェイクスピアは演劇人として、「人間が他人にどう見えるか、どう映るか」については、ことさら注意を払っていました。『ハムレット』（小田島雄志訳／白水社）の中で、父が息子に語る言葉（教え）があるのですが、そこで次のようなことが言われています。

『財布の許すかぎり着るものには金をかけるがいい、風変わりなのはいかんぞ、上等であって派手ではないのだ、服装はしばしばその人柄をあらわすという、この点については、フランスの貴族たち、あるいはえりぬきの人たちは第一人者だ。』

この表現がシェイクスピアの本心かどうかは別にして、多くの人が外見によって評価・

判断を変えることをよく知っていました。

若くて美しく、上等な衣装を身にまとっていれば、一瞬のうちに人を魅了し、たいていは高く評価されます。こと、恋愛においては、極めて高い比重を占めています。よくよく考えてみると、「見栄えのよさ」はどんな分野でも、人気の出る重要な要素であることは間違いなさそうです。

◆時の経過における「美」と感情の変化

「若くて美しい」が恋愛のポイントであると知っていたシェイクスピアですが、それがむなしいこともよく分かっていました。というのも、時間がたてば、若さも美しさも失われていくからです。そんなことは、若さと美しさを売りにしている芸能界を見れば、誰でも知っていますね。

『ソネット集』（高松雄一訳／岩波書店）という、シェイクスピアが晩年にさしかかるときに出版した作品では、そのあたりの機微が残酷な形で表現されています。そこでは、老年の詩人と美しい青年の愛がテーマになっていますが、愛の対象である青年が老いていくことを、詩人は恐れるのです。雰囲気を知っていただくために、少し引用しておきましょう。

『わが愛するものが、やがて、いまの私のように、
時の神の邪悪な手で押しつぶされ、すりきれる、
時々刻々と若い血潮がかれて、かわりに
額に皺がふえてゆく、青春のあけぼのが
疲れた足をひいて旅を続け、慌《あわただ》しく暮れる老年の夜にむかう、
そして、いま、彼が王として統治するもろもろの美は
しだいに姿を消して、視界からうせ、消えながら、
彼の青春の宝をこっそりとかすめていく』

では、この状況に対して、愛はどうなるのでしょうか。シェイクスピアはこんな風に書いています。

『真実なる心と心が結婚するにあたり、われに
障害の介入を認めさせ給うなかれ。事情が変れば

シェイクスピア

おのれも変るような愛、相手が心を移せばおのれも心を移そうとする愛、そんな愛は愛ではない。

（中略）

たとえ薔薇いろの唇と頰は、時の手の半円の大鎌に刈りとられても、愛は時の道化になりはてはしない。

愛はつかのまに過ぎる時間や週とともに変るものではない。

最後の審判がくる間ぎわまで耐えぬくものだ。』

若さや美しさは、誰であっても例外なく時間とともに失われていくものです。それに伴って、愛の形も変化せざるを得ないでしょう。それがどんなものか、具体的には示されていませんが、「真実の心と心の結婚」という表現がヒントになるかもしれません。

「会った瞬間」の外見の美しさが恋のきっかけ（ひと目惚れ）であったとしても、次第に相手に対する好意は身体的なものではなく「心」の結びつきが中心になることで、「**愛の脱時間化**」が図られるわけです。

【図1】

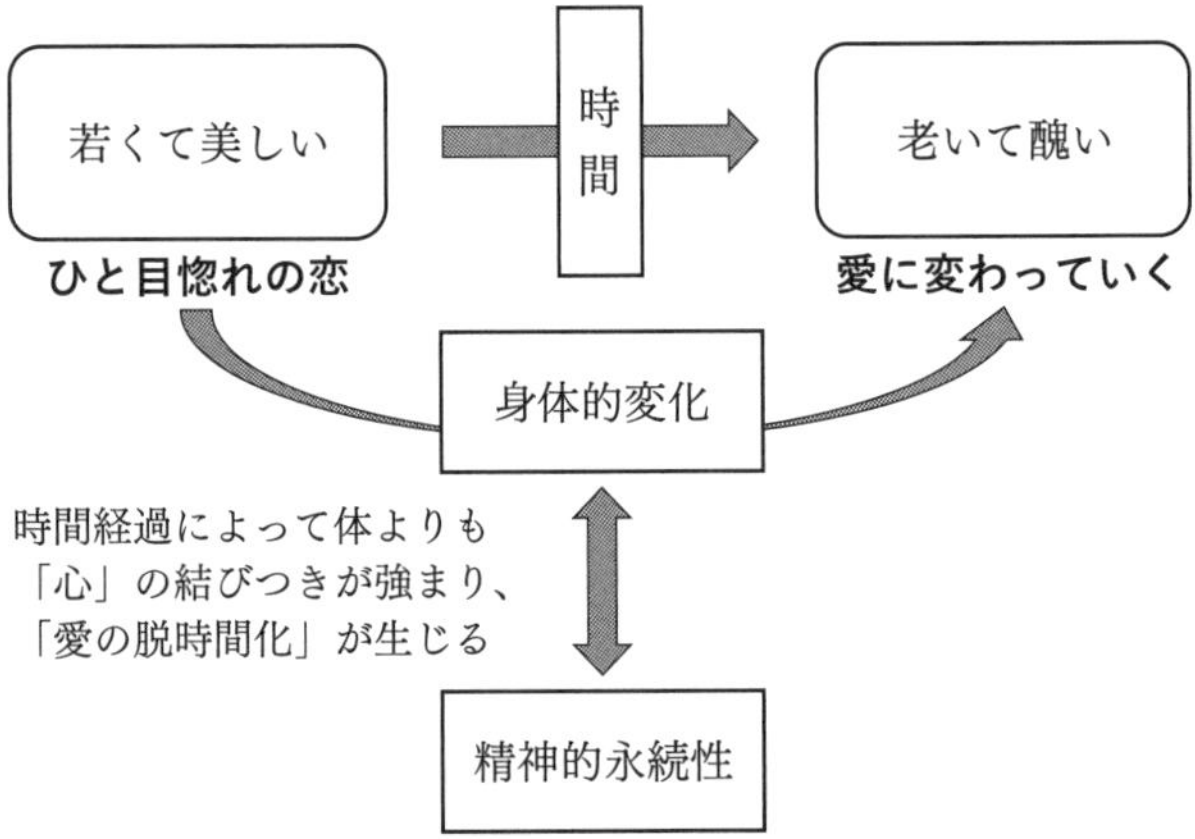
若くて美しい
時間
老いて醜い
ひと目惚れの恋
愛に変わっていく
身体的変化
時間経過によって体よりも
「心」の結びつきが強まり、
「愛の脱時間化」が生じる
精神的永続性

もっとも、それが成功するかどうかは、何の保証もありません。シェイクスピアの『ソネット集』自体が、「黒い婦人」が登場して、三角関係のドロドロした欲望が繰り広げられるからです。もちろん、この状況は現代でも同じことで、老年になったからといって、身体的な欲望がきれいさっぱり清算されるわけではありません。

しかし、時間の神に対抗できるかどうかは別にして、愛を脱時間化し脱身体化すること、つまり愛を「心と心の結婚」と見なすことは、無理なく理解できます。そこで、図式化してみれば、図1のようになるのではないでしょうか。

愛することこそが愛である

「愛される」ことを中心にしたシェイクスピアの愛。これに対して、現代の精神分析学者のエーリッヒ・フロムは真逆の考えを提示しています。彼は『愛するということ』（鈴木晶訳／紀伊國屋書店）の中で、愛で重要なのは「愛される対象」ではなく、「愛する能力」だと強調しているのです。

たとえば、「あなたは愛されたいですか、それとも愛したいですか」と質問すると、若い人だとたいてい、「愛されたい」、しかも「多くの人から愛されたい」と答えます。フロムはこの答えを予想していて、「世の中で人々にとって重要なのは、どうすれば愛されるか、どうすれば愛される人間になれるか、ということだ」と述べています。

それについて、シェイクスピアだったら、「若くて美しい」とか「外見上の見栄え」とか言うわけです。ところが、フロムはこうした考えを根底から否定しています。いわく、**「愛」にとって重要なのは「愛すること」である、と。しかも、愛するためには、「能力」が必要である、**とも付け加えます。その点では、結構難しいのです。

そもそも、愛に能力が必要とされるのはどうしてでしょうか。それを説明するため、フロムはさまざまな二項対立を使っています。

その一つが、能動的―受動的という対立です。フロムによると、愛は能動的な活動であり、与えることだとしています（『愛するということ』）。

『愛は能動的な活動であり、受動的な感情ではない。そのなかに「落ちる」ものではなく、「みずから踏みこむ」ものである。愛の能動的な性格を、わかりやすい言い方で表現すれば、愛は何よりも与えることであり、もらうことではない、と言うことができよう。』

こう語るとき、フロムはいったい何を考えているのでしょうか。

物質的なもの（たとえば金銭）、身体的なもの（たとえば精液や、子どもへの母乳）についても言及していますが、何といっても根本にあるのは、「人間的な領域」とされます。「自分の中に息づいているものすべてを与える」というのですが、具体的には「自分の**喜び、興味、理解、知識、ユーモア、悲しみ**など」を挙げています。

この表現を見ると、フロムの想定が性愛的な愛、特に恋愛には限定されないことが分かります。むしろ、自己への愛、親子の愛、兄弟の愛、隣人への愛、同胞への愛、人類愛、神への愛なども含め、包括的な形でイメージされています。恋愛（エロース）も友愛（フィリア）も神の愛（アガペー）も含まれているのです。どれか一つの愛のイメージだけでフロムを読むと、誤解するかもしれません。

さらに言えば、フロムの愛の理論は「恋愛」にあまり重点を置いていないように見えます。そのため、どちらかと言えば、少し道徳臭さを感じるかもしれませんね。また、フロムの考えで、果たして「恋愛」を理解できるかどうかも、疑問が残ります。

◆「与えるだけ」で何も生み出さない〝片思いの愛〟は不幸か？

その疑問の一つとして、彼が「**愛とは愛を生む力であり、愛せなければ愛を生むことはできない**」と語る部分があるのですが、これには留保が必要となります。

フロムはこの主張をするために、青年時代のマルクスが『経済学・哲学草稿』（城塚登・田中吉六訳／岩波書店）の中で述べた「愛」についての言明を取り上げています。この箇所はフロムの発想の基本的な起源と思えますので、少し長いですが引用しておきます。

『人間にたいする——また自然にたいする——君のあらゆる態度は、君の現実的な個性的な生命のある特定の発現、しかも君の意志の対象に相応しているその発現でなければならない。もし君が相手の愛を呼びおこすことなく愛するなら、すなわち、もし君の愛が愛として相手の愛を生みださなければ、もし君が愛しつつある人間としての君の生命発現を通じて、自分を愛されている人間としないならば、そのとき君の愛は無力であり、一つの不幸である。』

言葉は難しそうですが、マルクスが述べたことは、それほど崇高なことではありません。ドイツの哲学者であるフォイエルバッハに感化されているのですが、言っている内容は極めてシンプルなのです。

分かりやすく言い直してみましょう。——相思相愛にならずに、片思いの愛だったら、その人の「愛は無力で不幸である」というのです。——そこで、図2のように図示してみます。

【図2】

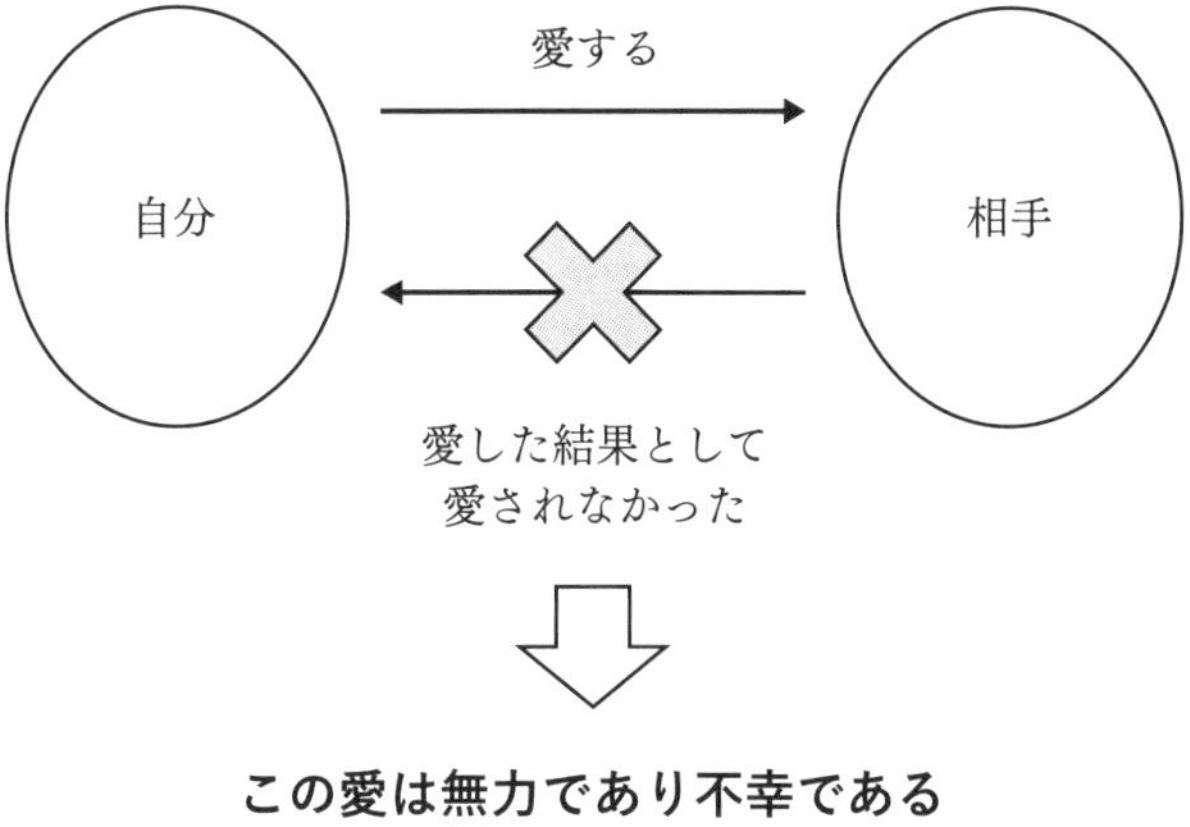

では、どうすれば、返しの愛を生み出すことができるのでしょうか。

フロムの本意からは離れていますが、マルクスの考えでは、愛する人が「力」をもつ必要があるとしています。「魅力」というのは、言うまでもなく「力」ですから、魅力を高めるために「能力」を磨く必要があるということですね。

だとすれば、愛する相手から愛されるためにこそ、せっせと自分磨きを行い、自分の魅力と能力を増大させたほうがいいのかもしれません。

◆成熟した愛と未成熟な愛

「愛とはもらうことではなく与えること」に

ついて、深堀りしてみます。「愛する」「愛される」という観点においてフロムが示す対比のうち、イメージしやすいのは「未成熟な愛」と「成熟した愛」の区別でしょう。

たとえば、ストーカーの愛を考えてみれば、これが「未成熟な愛」といえることは想像に難くありません。しかし、「成熟」しているかどうかは、どこに基準があるのでしょう。

その違いを説明するため、フロムは『愛するということ』の中で、「必要とする（need）」という言葉を導入しています。ポイントを確認するため、引用します。


『幼稚な愛は「愛されているから愛する」という原則にしたがう。成熟した愛は「愛するから愛される」という原則にしたがう。未成熟な愛は「あなたが必要だから、あなたを愛する」と言い、成熟した愛は「あなたを愛しているから、あなたが必要だ」と言う。』


二つの違いを明確にするため、図3に図式化します。

こうして見るとなんとなく分かったように感じますが、もう少し踏み込んで考えてみます。

【図3】

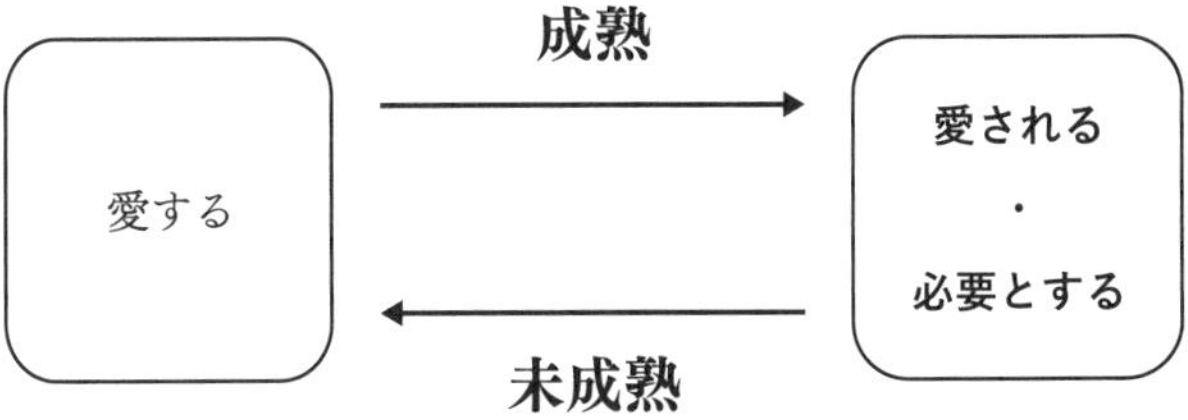

「成熟か未成熟か」というとき、フロムの念頭にあるのは、精神分析学の発達理論です。人間は、母親の胎内にいるときから子どもの頃まで、「ナルシシズム」あるいは「自己中心主義」的である、と見なされています。この時期は母親に愛され、必要なものは何でも与えてもらえるのです。これが未成熟な愛のモデルとなっています。

それに対して成熟した愛は、大人になれば自然とできるものかと言えば、そういうわけではありません。フロムの原書タイトルが、『THE ART OF LOVING（愛することのART）』となっていることに注意しましょう。「art」というのは、技術であり芸術でもあります。その人が努力して磨き上げていくものという意味が含まれています。前述した「力」に関連して、「未成熟の愛」は自然なままで起こりますが、「成熟した愛」には技術＝訓練が必要なわけです。

しかし、そうだとすると、ロマンチックな愛のイメージが遠のくのではないでしょうか。相手と会ったそのときに、「愛のキューピッドが矢を放ち恋に落ちる」というのではありませんよね。むしろ、努力した成果としてやっと達成できるのが、「成熟した愛」というのです。崇高なように思えますが、あなたの憧れる愛はどのような形の愛でしょうか?

愛は制御不可能な情念である

フロムの「愛」の議論を読むと、「愛はこうあるべきだ」という理想主義的な発想が潜んでいるように感じます。これに真っ向から対立するのがパスカルです。

『愛すべきかどうかを人間は問う。そういうことは問うべきことではない。感ずべきことである。そういうことを人は熟考したりなどしない。おのずからそこへつれてゆかれる。』

(『愛の情念に関する説』パスカル全集第1巻より/伊吹武彦・渡辺一夫訳/人文書院)

自分の中でおのずからふつふつと湧き起こる情念、これが「愛」というのです。その点では、自分では制御することもできなければ、失くしてしまうこともできないのです。「情念（passion）」というのは、ギリシア語の「パトス」に由来し、「ロゴス（理性、論理、言葉）」と対比されています。辞書的には、『深く心に刻みこまれ、理性では抑えることのできない悲・喜・愛・憎・欲などの強い感情。』（『大辞林』第4版／松村明編／三省堂）と説明されます。現代では、動きを強調して、「情動」と訳されることもあります。

いずれにしても、愛は理性的なロゴスに対立して、理性では抑えられない「情動」なのです。自分では、なぜ「愛する」のかわけが分からないもので、制御することができず、むしろその「愛」に翻弄されてしまうこともあります。皆さんにも心当たりがあるのではないでしょうか。

そのため、パスカルは『パンセ』（前田陽一・由木康訳／中央公論新社）の中で、次のような有名な言葉を書いています。おそらく皆さんもよくご存じだと思いますが、その文脈にはあまり注意されなかったのではないでしょうか。

『人間のむなしさを十分知ろうと思うなら、恋愛の原因と結果とをよく眺めてみるだけでいい。原因は、「私にはわからない何か」(コルネイユ)であり、その結果は恐るべきものである。この「私にはわからない何か」、人が認めることができないほどわずかなものが、全地を、王侯たちを、もろもろの軍隊を、全世界を揺り動かすのだ。クレオパトラの鼻。それがもっと低かったなら、地球の表情はすっかり変わっていただろう。』

しかし、愛は「私たちには分からない何か」だとすると、理解が阻まれているように見えます。ランダムに起こってしまうもので、AIにしても理解できなくなるでしょう。果たしてそうなのでしょうか?

◆人は他人の性質を愛している

パスカルは恋愛のむなしさを示すために、「クレオパトラの鼻」について語りました。それは、彼女の美貌を示すものですが、そのサイズの違い(人が認めることができないほどわずかなもの)が大きく左右するのです。パスカルは書いていませんが、同じことは「クレオパトラの目」についても言えるでしょう。「目鼻立ち」という言葉は、日本語では「美しさ」

の重要な要素になっていますね。

いずれにしても、カエサルやアントニウスがクレオパトラを愛した原因は、彼女の美貌にある、と言えるでしょう。しかし、それだけではありません。クレオパトラがプトレマイオス朝の「女王」でなかったならば、二人とも見向きもしなかったはずです。パスカルは、他の断章で次のように書いています。

『人は、決して人そのものを愛するのではなく、その性質だけを愛しているのである。したがって公職や役目のゆえに尊敬される人たちを、あざけるべきではない。なぜなら、人は、だれをもその借り物の性質のゆえにしか愛さないからである。』

美しさがその人の性質であれば、明らかに役職などもその人の性質だと言えます。以前、結婚の条件として、「三高」などと言われ、「高身長、高学歴、高収入」が評価されていました。これも典型的な「性質」ですね。

たとえば、結婚している人や恋愛中の人に対して、「その人（相手）のどこが好きなのですか？」と質問することがありますよね。これは明らかに「その人のどの性質が好きなのか?」を聞いているわけです。これに対して、「可愛いところ」とか「優しいところ」などと答えますが、この答えもまた「性質」を答えているのです。

この愛し方がいいか悪いかは別にして、「性質」については明確な基準が設定できますし、またその評価も客観的に行うことができます。たとえば、美人かどうかは、顔の黄金比率などといって、目や鼻や額や口などのサイズや位置などの比率が挙げられます。あるいは、時代ごとの流行の顔立ちというものもあります。これらも、ランダムではなく、規則的に取り出すことができますね(詳細は控えますが、拙著『人工知能に哲学を教えたら』SBクリエイティブを参照してみてください)。つまり、「おのずからつれていかれる」「感じるべき」愛でさえ、AIは理解できると言えます。

◆恋愛の話を聞かなければ人は恋愛をしない

では、時代ごとに流行の性質があったり評価される基準が違ったりしますが、それに応じて、恋愛の形も変わるのでしょうか。そのヒントになるのが、パスカルの次の言葉です。

『恋のことを話し話しているとやがて恋をするようになる。これほど容易なことはない。これは人間に最も自然的なる情念である。』（『愛の情念に関する説』）

しかし、この言い方は必ずしも理解しやすいわけではありません。「恋愛を語る」ことが、どうして「恋愛する」ことになるのでしょうか。

ここで注目したいのは、パスカルのこの断章には、同じ時代のラ・ロシュフコーの言葉が先立っているということです。彼は次のように述べています。

『人が恋について話すのを一度も聞かなかったら、決して恋などしなかっただろうと思われる連中がいる。』（『ラ・ロシュフコー箴言集』二宮フサ訳／岩波書店）

この流れを見ると、パスカルの断章は、次のように理解できるでしょう。

①他の人たちが「恋愛」について語っている（＝恋愛の性質を定義している）

②恋愛についての話（恋愛の性質）**を、その人が聞く**

【図4】

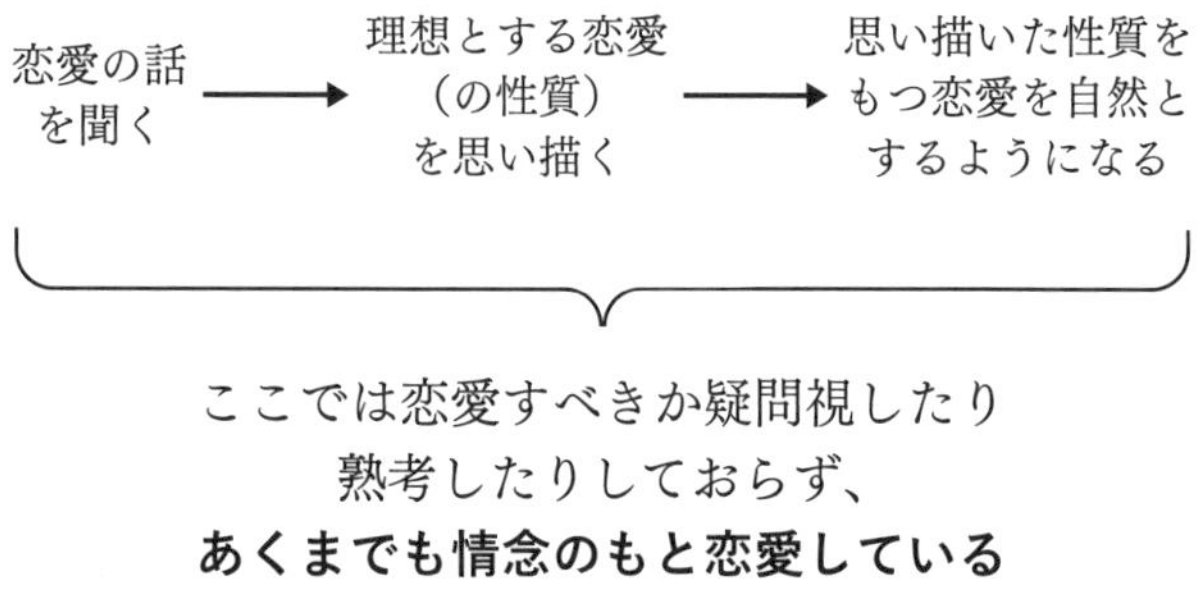
恋愛の話
を聞く
理想とする恋愛
（の性質）
を思い描く
思い描いた性質を
もつ恋愛を自然と
するようになる
ここでは恋愛すべきか疑問視したり
熟考したりしておらず、
あくまでも情念のもと恋愛している

③「恋愛」について、その人が興味を抱く
④その人が「恋愛」するようになる

パスカルの言葉を現代風に拡大してみると、〝それぞれの時代において、「恋愛の言説」が流行している。その言説を聞くことで、理想の性質を思い描き、そのように恋愛するようになる〟と表現できます。

このように考えると、ランダムなパッションであると思われていた人間の「恋愛」は、実は言説によって引き起こされているということになります（図4）。こうした「恋愛の言説」は、ビッグデータとして蓄積され、分析したり活用したりできますね。

文豪による愛の言葉を理解できるか？

死へ向かうことが愛である

文豪は数々の文学作品を遺し、その中で印象的な言葉を多く用いています。言葉のプロとも言える彼らは、作品の中でどんな愛の言葉を紡いでいるのでしょうか。

そこでまずは、すでに第1章でご紹介した、川端康成が『みずうみ』（新潮社）の中で語った言葉から出発することにしましょう。高校教師だった男と、その教え子の会話です。

――『先生、首をしめてもいいわ。うちに帰りたくない。』

この会話を見たとき、私たちは何を想像するでしょうか。

基本となる要素は、「先生」、「首をしめる」、「うちに帰る」ですが、それぞれの要素は互いに結びつきませんね。だからこそ、二人の関係がどうなっているのか気になってしまいます。

そこで、「先生」という言葉に注目すれば、二人は「先生―教え子」の関係であることが分かります。しかも、「首をしめてもいいわ」という表現からすると、おそらくこの二人は性愛関係にある（あるいは、あった）らしいということも予想できます。

すると、一つの疑問が生まれます。二人の性愛関係が、どうして「首をしめる」ことになるのでしょうか。

単純に考えれば、「首をしめる」と死んでしまうので、「うちに帰る」ことはできなくなります。つまり、「うちに帰りたくない」から、「首をしめてもいい」わけです。しかし、これだと二人の関係が性愛的なものではなくなりますね。たとえば、次のように言いかえてみると分かりやすいかもしれません。

「先生、首をしめてもいいっすよ。俺、うちに帰りたくないんで」

この場合には、親とケンカした、不良っぽい学生をイメージしてしまいます。もちろん、ここには先生と教え子の性愛関係は微塵も感じられません。

「首をしめても〝いいわ〟」という、教え子なのに、やけになれなれしいこの語尾表現が、二人の親密さを感じさせるのです。

しかし、この文の最大の問題は、どうして「首をしめてもいい」ことになるのかという点です。二人の性愛関係と「首をしめる」とのつながりを、明らかにする必要があります。そうでなければ、ＡＩにしても理解できないでしょう。

そこで、ジョルジュ・バタイユの『エロティシズム』（酒井健訳／筑摩書房）の考えを導入することにします。バタイユは川端康成と同時代のフランスの思想家・小説家ですが、川端自身も他のところでバタイユについて言及しています。ここでは、影響関係ということではなく、発想の共通性という点で参考にすることにします。

バタイユは、『エロティシズム』の中で、性の快楽と「死」について、次のように書いています。

『男女二人の恋人の結合が情念の結果だとしても、この情念は他方でもう一つの可能性、つまり死を、殺人への、あるいは自殺への欲望を、惹き起こす』

性的な絶頂期（恍惚状態、オーガズム）を「**小さな死**（**la petite mort**）」と呼ぶのは、欧米ではバタイユ以前から行われていました。バタイユは、このつながりを「エロティシズム」という言葉で明確にしたわけです。

◆「小さな死」を目指すことで孤独から解放される

週刊誌の記事のようにやや扇情的に書けば、性交中のカップルが「死ぬ」と叫んだり、「イク（逝く）ー」と言ったりするのは、この「小さな死」と結びつけて理解されています。たしかに、性の絶頂状態（エクスタシー）は「仮死状態」のようなものですから、「小さな死」というのは分からないわけではありません。

もともと、個体として生きている一人ひとりは、他から切り離された、不連続な存在です。言いかえると、人間は生きている限り、個々別々の存在であり、極めて孤独なあり方をしています。その孤独をどう感じるかは人によって異なりますが、いったん自覚すると、もはや堪えることができないほど強烈なものになります。

この孤独を乗り越えるものが、ほんのひと時の性愛関係なのかもしれません。

【図5】

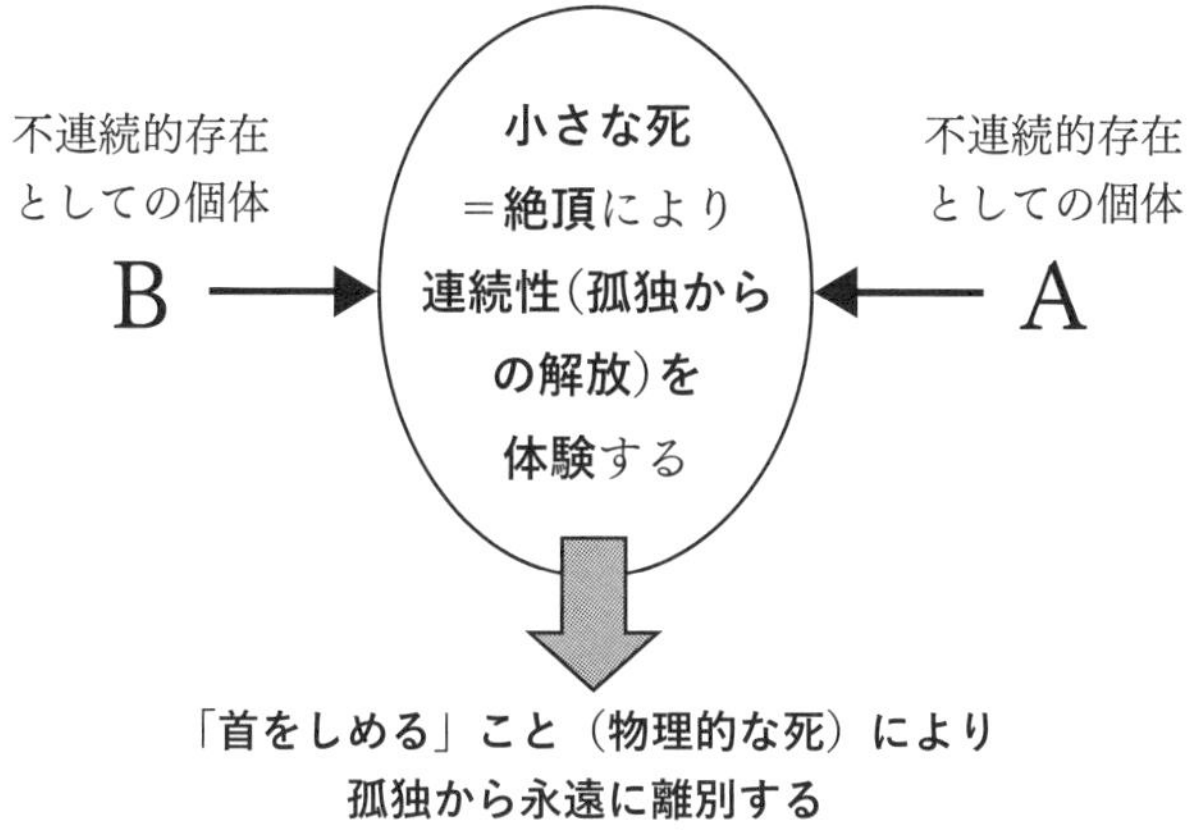
不連続的存在
としての個体
B
小さな死
＝絶頂により
連続性（孤独から
の解放）を
体験する
不連続的存在
としての個体
A
「首をしめる」こと（物理的な死）により
孤独から永遠に離別する

恋愛とは、不連続的存在としての人間が、ほんの一瞬の間、恍惚感の中で連続性を体験する状態なのです。

ただし、性的なエクスタシーは、長くは続きません。仮死状態から目覚め、再び孤独な、不連続的な存在に舞い戻ります。

バタイユは同じ夜に、幾人もの娼婦を求めて彷徨したといわれていますが、その理由もなんとなく分かるのではないでしょうか。「小さな死」は一瞬のうちに消え去り、再び孤独が訪れるからです。この**孤独から逃れるために、何度も「小さな死」を求める**わけです。

そこで、改めて『先生、首をしめてもいいわ、うちに帰りたくない。』の言葉に立ち返ってみましょう。

短い会話のうちに、二人のエロティックな関係と、癒やしがたい孤独が表現されているのではないでしょうか。情事（小さな死）の中で「首をしめる」ことによって、永遠の死を迎えます。つまり、孤独からの永遠の離別になるわけですね。

同じ世界を共有することが愛である

今度は、川端よりも少し前の文豪の「愛」を見てみましょう。

谷崎潤一郎が1933年に発表した『春琴抄』（KADOKAWA、角川学芸出版）です。

ここでは「愛」の形を知るため、書かれた言葉に注目しておきましょう。まず、そこで語られる言葉を理解するためにも、物語に少しだけ触れておきます。

登場人物は、春琴という美しい盲目の三味線の師匠と、その弟子の佐助が中心となっています。佐助は春琴の衣食住の世話をしているのですが、同時に春琴に強い愛情を抱いています。あるとき、春琴が何者かに熱湯をかけられ、顔に大きな火傷を負い、佐助に自分の顔を見せるのを嫌がります。そこで佐助は、自ら自分の両目を針で刺して、失明するのです。

次に引用する文章は、佐助が春琴にその件を伝える場面ですが、春琴と佐助の関係がよく分かります。

『佐助それはほんとうかと云った短かい一語が佐助の耳には喜びに慄えているように聞えた。そして無言で相対しつつある間に盲人のみが持つ第六感の働きが佐助の官能に芽生えて来てただ感謝の一念より外何物もない春琴の胸の中を自《おの》ずと会得《えとく》することができた今まで肉体の交渉はありながら師弟の差別に隔てられていた心と心とが始めて犇《ひし》と抱き合い一つに流れて行くのを感じた』

失明する以前には、春琴との「肉体の交渉」があったにもかかわらず、「心と心」が一つになっていないと感じていたのです。失明して初めて、佐助は春琴と一つになることができた、と喜びを感じています。

というのも、失明して初めて、春琴が身を置いている暗黒の世界に、自分もまた置くこ

【図6】

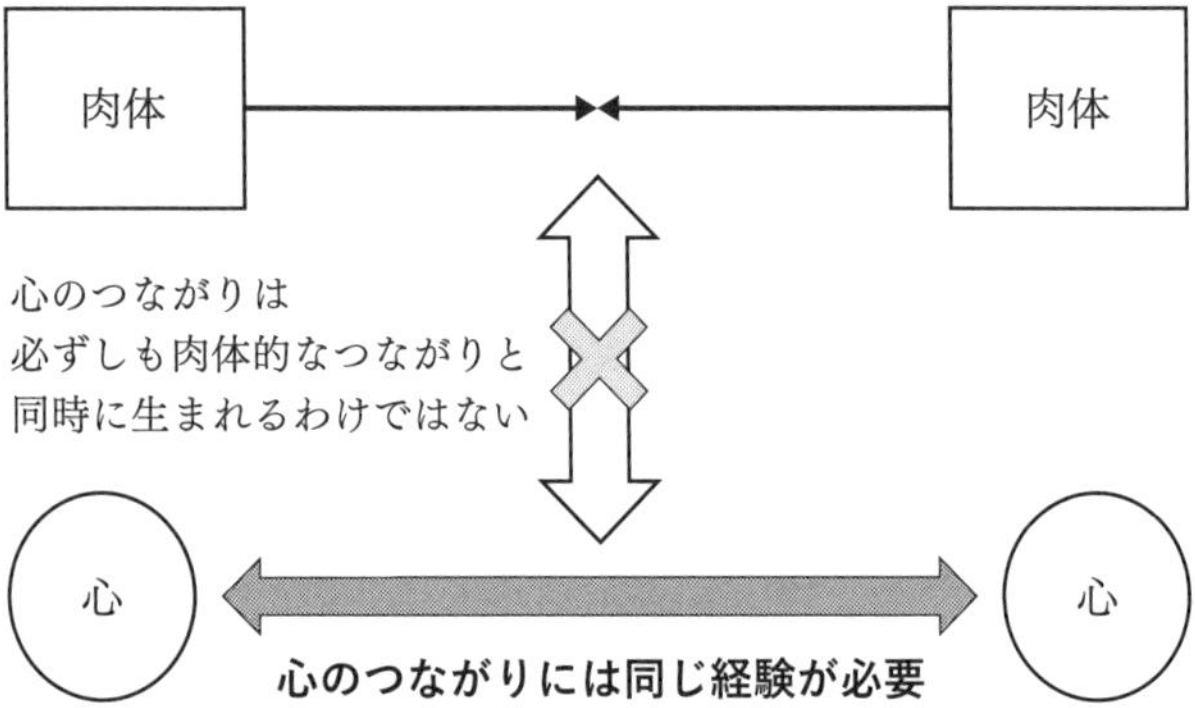
肉体
肉体
心のつながりは
必ずしも肉体的なつながりと
同時に生まれるわけではない
心
心
心のつながりには同じ経験が必要

とができたからです。

『自分も同じ暗黒世界に身を置くことがこの上もなく楽しかった』

ここで谷崎が想定しているのは、**経験の共有**という状況です。しかも、これは**肉体的に可能ではなく、「心」によって生じる**とされています（図6）。肉体的な交渉のさなかで心と心が通じ合わないことは、よくありますね。

◆経験の共有は可能か？

しかし、ここで一つの疑問が生じるのではないでしょうか。というのも、心と心とが一つになることなど、果たして可能なのか、という点です。

谷崎の文章では、『師弟の差別に隔てられていた心と心が始めて犇と抱き合い一つに流れて行くのを感じた』と表現されているのですが、これはあくまで佐助の側からみた表現です。

それに対して『春琴抄』では、春琴側の心の動きはほとんど語られていないようです。穿った見方をすれば、これは佐助の一方的な思いにすぎない、とも言えます。つまり、佐助としては「一つに流れていく」と感じたとしても、春琴の方では今までと何も変わらないのではないかということです。

フランクファートが『ウンコな議論』（山形浩生訳／筑摩書房）の中で、哲学者のウィトゲンシュタインとその知り合いであるファニア・パスカルにまつわる面白い話を書いています。

『（パスカルは）扁桃腺を摘出して、きわめて惨めな気分でイブリン療養所に入院しておりました。ウィトゲンシュタインが訪ねて参りましたので、わたし（パスカル）はこううめきました。「まるで車にひかれた犬みたいな気分だわ」。するとかれは露骨にいやな顔をしました。「きみは車にひかれた犬の気分なんか知らないだろう」』

佐助の言葉も、これと同じように見なすことができるかもしれません。

佐助が失明したとしても、彼の世界と盲目の春琴の世界とが、一つの同じ世界であるとは必ずしも言えません。それは、同じものを見ている二人の人が、同じように感じ、同じように見えているのか、確言できないのと同じことです。

だとすれば、肉体的な交渉だけでなく、「心と心が一つになる」と思ってみたところで、二人の別個の人間の間で共通の世界が開けたり、愛が生まれたりするとは、簡単には言えないということになります。

◆愛する行為によって「心は一つになる」

そうなると、「心と心が一つになる」のはとても難しそう、という結果になってしまいますね。しかし正しいか正しくないかはさておいて、一度は佐助のように「心が通じ合った」という感覚を抱いた経験が、皆さんにもあるでしょう。その感覚の根本は何なのでしょうか？

そこで、少し違った角度から「愛」を考えてみることにします。

ここで取り上げたいのは、ヘルマン・ヘッセが語った「愛」です。というのも、ヘッセは「愛」についてさまざまな機会に書いており、「ヘッセ読本」の一つとして、「愛」をテーマにしたものがあるほどです。そんな彼の中心となる考えが、『クラインとヴァーグナー』（ヘルマン・ヘッセ全集6『デミアン』より／高橋健二訳／新潮社）の中で語られています。

『愛されるということは、決して幸せなことではない。人は誰でも自分自身を愛しているが、愛するということ、これは幸せである。』

ここで対比されているのは、「愛されること」と「愛すること」です。ヘッセの基本的な考えは、「愛されること」は幸せではなく、「愛すること」が幸せである、というものです。前述したフロムの考えと同じですね。しかし、今時の若い人は「愛されること」が幸せと感じるようですが、ヘッセはなぜそう考えるのでしょうか。

この言葉は、テレジーナという女性に対しての発言なのですが、実は会話の一部なので、必ずしも分かりやすくはありません。そこで、語られた文脈を確認してみることにしましょう。彼女は次のように言うのです。

『「できることなら、あなたを喜ばせてあげたいと思いますわ」とテレジーナはゆっくり、同情しているように言った。』

それに対して、主人公のクラインは『何かあなたの願いをかなえてあげることを、ぼくに許して下されば、ぼくを喜ばせることができるのです』と答えています。つまり、テレジーナの願いを叶えられれば、クラインは「喜ぶ」ことができる。クラインにとって、「愛すること」は相手の願いが叶うことであり、それが彼の「喜び」、つまり「幸せ」になるというわけです。次ページの図7に図示します。

一見複雑そうに感じますが、実はよく知られているものです。「相手の喜ぶ姿」を見ることが、何よりの楽しみ・喜びという人は多いでしょう。「願いが叶ってうれしい相手」を見て、「自分も喜ぶ」――。このとき、少なくとも互いに同じ体験をし、同じ種類の感情が芽生えていることになります。先の佐助が感じていた、「心が通じ合っている」といえるので

【図7】

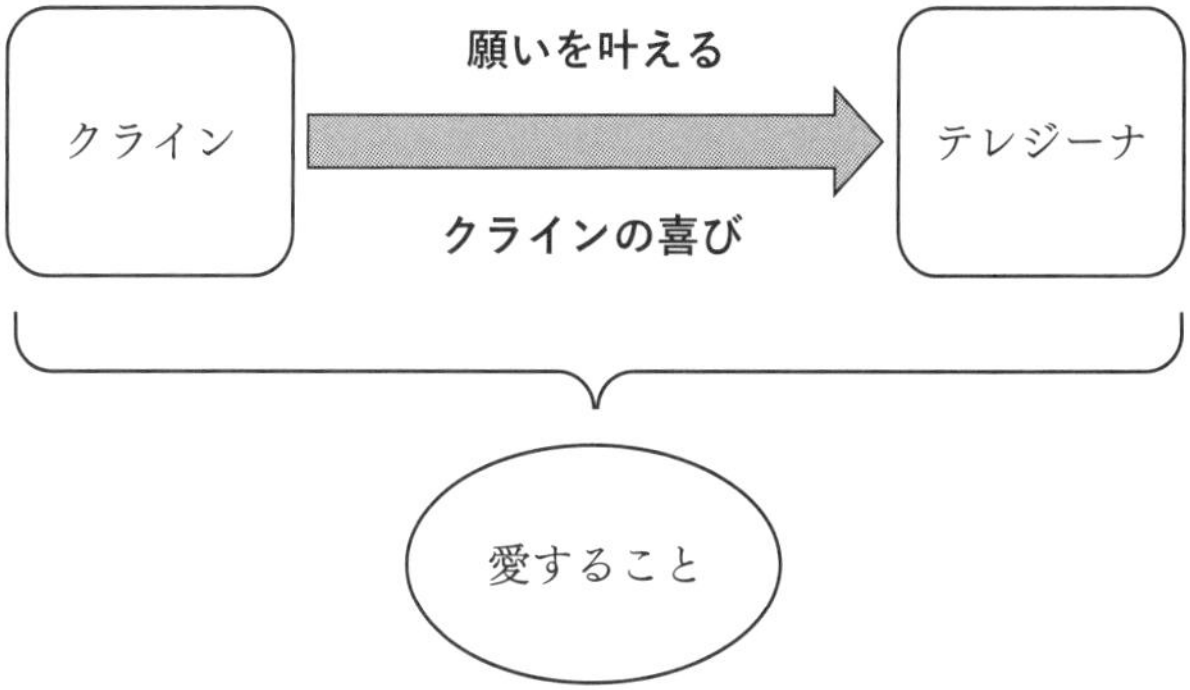

このとき、同じ体験によって同種の感情が芽生えている（心と心が一つになる）

はないでしょうか。

ここから、「心と心が一つになるのはとても難しい」とは一概には言えないことが分かりましたね。

◆自分を愛することが他者を愛することにつながる

ヘッセの「愛」の考えの中で、注意しておくべき前提が一つあります。先ほど引用した文を見ていただくと分かりますが、『人は誰でも自分自身を愛している』ということが、根底に置かれている点です。

自分自身を愛することは、自己愛とかエゴイズムという形でも表れます。「愛すること」が幸せ」と言う前に、「自分自身を愛する」ことが人間にとって根本であるからこそ、ヘッセは「愛すること」が重要であり、幸せであると考えたのです。
次の表現を見れば、彼の真意が読み取れるのではないでしょうか。

『外部から押しつけられたモラルや徳義の教えに従って生きることでは、私は全然幸せになれなかった。私は、自分の心に存在することを感じ、心の中で生み出し、はぐくみ育てる徳義の理念に従って生きることだけが私を幸せにできることを知っていたからである。』

(『愛することができる人は幸せだ』フォルカー・ミヒェルス編、岡田朝雄訳/草思社)

この「自己愛」は、ともすると愛の話では軽視されがちですが、他人を愛する場合にも前提とされています。先に挙げたヘルマン・ヘッセが語った愛のとおり、「愛する他人の喜ぶ姿を見ることが、実は私自身の喜び」なのですから。
それだけでなく、自分を知って愛することで、どのように人を愛したいのか、そして愛されたいのかもおのずと分かってくるものですよね。

愛とは見棄てないことである

では、「自分（そして他者）を愛する」とは違った「愛」の形は、存在しないのでしょうか。

それを考えるために、遠藤周作の小説『沈黙』（新潮社）を取り上げることにしましょう。この作品は、2016年にアメリカでも映画化されているので、もしかしたら映画を見た人のほうが多いかもしれません。

舞台となっているのは、キリスト教が弾圧された江戸時代初期のころです。「キリシタン弾圧」という言葉でよく知られている状況ですね。江戸幕府は外国から来ていたキリスト教の聖職者を国外へ追放することにしたのですが、国内に残って活動している宣教師もいたのです。

そんな中、ある宣教師が棄教したという知らせがローマに伝わってきます。そこで、調査のため新たに宣教師が派遣され、日本に潜入することになったわけです。では、その宣教師はどうなったのか、これを描くのが『沈黙』という作品です。

ここでは、ネタバレの筋書きを描くことも、また宣教師の苦渋の決断を取り上げることもしません。むしろ、物語を貫いている根本的な「愛」の言葉に注目することにします。

『いいや、主は襤褸のようにうす汚い人間しか探し求められなかった。床に横になりながら司祭はそう思った。聖書のなかに出てくる人間たちのうち基督が探し歩いたのはカファルナウムの長血を患った女や、人々に石を投げられた娼婦のように魅力もなく、美しくもない存在だった。魅力のあるもの、美しいものに心ひかれるなら、それは誰だってできることだった。そんなものは愛ではなかった。色あせて、襤褸のようになった人間と人生を棄てぬことが愛だった。』

お分かりのように、ここで語られている「愛」は「恋愛」、もっと言えば「性愛」ではありません。聖書の中で登場するキリストの行動に基づいて提示されているので、宗教的な「愛」と呼ぶことができるでしょう。キリストが実践したのと同じように、司祭である自分自身も行動すべきと考えているのです。

それは、一般的には人々から忌み嫌われ、魅力もなく、美しくもない存在を愛することです。そのとき、「愛する」というのは、「棄てぬこと」と言いかえられています。通常だったら、見捨ててしまうようなものを、むしろ手元に置き、大切に保持し続ける、というのです。

しかし、どうしてそんなことができるのでしょうか。

それを理解するためには、引用した部分で、「色あせて、襤褸《ぼろ》のようになった人間と人生」と書かれている部分に注目する必要があります。

◆差のない身分になることによる愛

『沈黙』でテーマになっているのは、一方が「愛する者」であり他方が「愛される者」という対立ではありません。一人の人間（キリスト）がすべての対象に向ける等しい愛です。

なぜその対象に「襤褸」などと表現するものをわざわざ含めているのかというと、「愛する者」側である司祭自身が、むしろ「色あせて、襤褸のような人間」だからです。というのも、信仰を死守すべき司祭自身が、あろうことか棄教するからです。

キリスト教の司祭であるのに、棄教することほど非難され、石を投げられることはないでしょう。実際、彼に先行して日本で布教していた司祭が棄教したとの知らせを聞いて、彼自身がその司祭に対して非難の気持ちをもっていたからです。

ところが、今度は自分自身が日本に来て、捕らえられて棄教することになるのですから、これほど唾棄すべきことはありません。

単に弾圧されただけ、あるいは拷問されるだけであれば、司祭は棄教することはなかったでしょう。おそらく、英雄的な殉教の道を選んだはずです。ところが、状況はそう単純ではありませんでした。自分が棄教しなければ、その傍らで信者たちが拷問され続けるのです。

棄教しない司祭に向かって、先に棄教した司祭が次のように言い放っています。

『お前は彼等（拷問を受けている信者たち）より自分が大事なのだろう。少なくとも自分の救いが大切なのだろう。お前が転ぶと言えばあの人たちは穴から引き揚げられる。苦しみから救われる。それなのにお前は転ぼうとはせぬ。お前は彼等のために教会を裏切ることが怖ろしいからだ。』（中略）『だが、それが愛の行為か。』

こう述べた後で、『基督は転んだだろう。愛のために。自分のすべてを犠牲にしても』と

【図8】

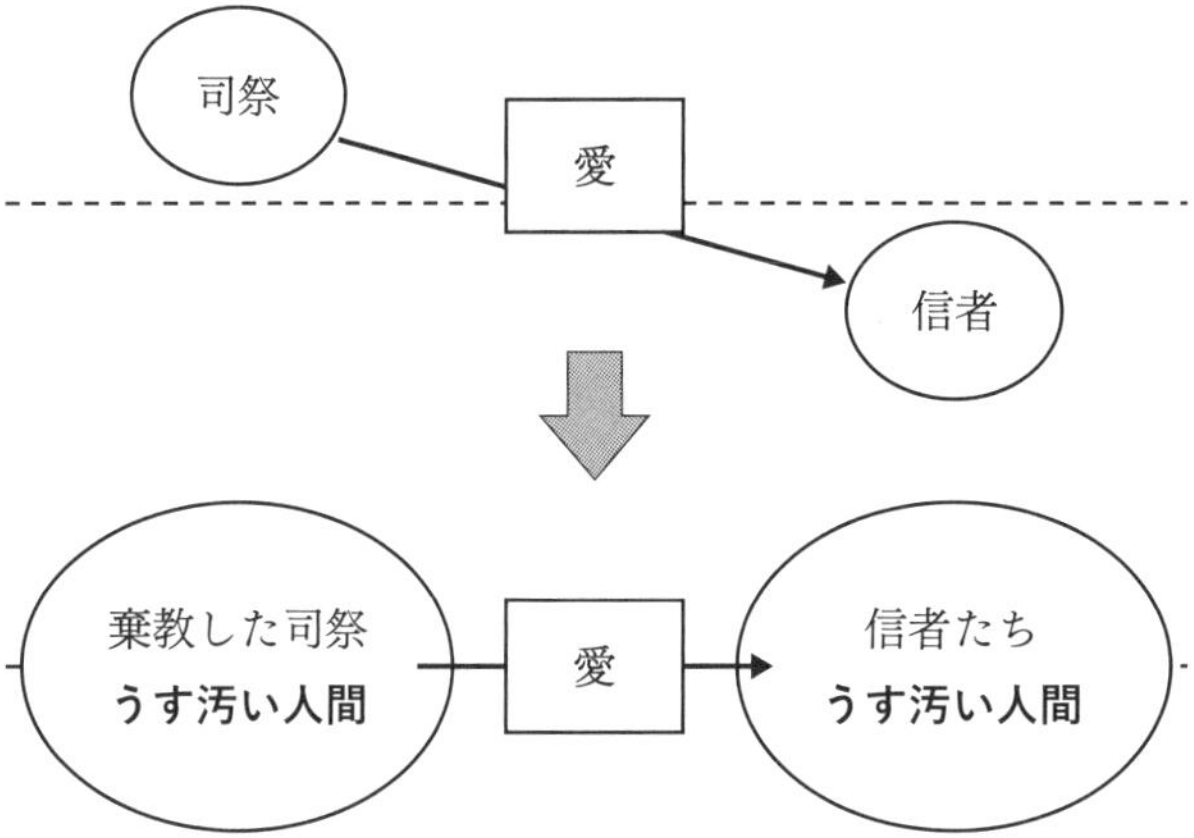

続けています。つまり、彼らを救済する（愛する）ために、司祭の原理である信仰を棄てることになるのです。しかし、棄教することによって、その司祭の尊厳は失われることになります。こうして、司祭もまた、救済されるべき信者たちと同じように、**「襤褸のようにうす汚い人間」**になるわけです。

この「キリシタン弾圧」以前には、司祭と信者の関係は、どちらかと言えば上下関係のように見えました。司祭が信者に愛を施すというイメージでしょうか。

ところが、司祭が棄教することで、この上下関係は崩壊して、ともに「うす汚い人間」同士の「愛」になったのです（図8）。

棄教することによって初めて、司祭は自分が「うす汚い人間」であり、信者たちと同じ存在であると自覚するわけです。「愛」とは「棄てないこと」（そのかわりに「愛のために自分のすべてを犠牲にする」こと）だとしても、襤褸のようにうす汚い人間を愛するというのは、容易なことではありません。それこそ、神のような人間でこそ成せる愛なのです。

名作による愛の言葉を理解できるか？

ここでは、少しジャンルを広げて名作の愛の言葉を取り上げます。先ほど神的な愛の形について紹介したので、関連して映画版『レ・ミゼラブル』で語られる愛について見てみましょう。

誰かを愛するということは神のそばにいるということ

原作は、フランスのヴィクトル・ユーゴーが1862年に出版しました。古典として有名なものですから、学校でもしばしば学ぶ機会があるのではないでしょうか。

ただ、一般に紹介されるときは、「パンを一片盗んだために、19年間牢獄に捕らえられていた男」とか、「教会の司祭の館から銀食器を盗んだのに、司祭から許された男」という形で、話題になるようです。

ところが、この小説は、その話だけに留まりません。むしろ、19世紀前半の激動期であるフランス社会が舞台になっているのです。貧しい民衆と、それを取り締まる警察、弾圧する政府といった状況の中で、主人公のジャン・ヴァルジャンの行動を通して、「愛」の素晴らしさを語る作品になっています。

この物語の最後、主人公が亡くなるときにフィナーレとして語られるのが、「誰かを愛することは、神のおそばにいること」という愛の言葉です。注意しておくと、この表現は原作にはありません。2012年にイギリスで制作されたトム・フーパー監督のミュージカル映画『レ・ミゼラブル』（東宝東和配給 ※商品情報は2024年7月時点のもの。最新の内容をご確認ください）で、感動的に歌い上げられるものです。おそらく原作よりもこちらの映画を観たという人のほうが多いのではないでしょうか。そこで、改めてこの言葉がどう示されるのか確認しておきましょう。

『レ・ミゼラブル』
4K Ultra HD＋ブルーレイ：6,589円（税込）
Blu-ray：2,075円（税込）／DVD：1,572円（税込）
発売元：NBCユニバーサル・エンターテイメント

死の世界に向かいつつあるジャン・ヴァルジャンが、実の娘のように育ててきた女性と、その夫に向けた最後の言葉（歌）です。ただ、意味が取りにくい表現なので、英語の原文も出して見てみます。

『それから、こう言われていたことを忘れないでほしい
誰かを愛することが、神様のそばにいるのだということを』（字幕を参考にした著者訳）

And remember
The truth that once was spoken
To love another person
Is to see the face of God

原文と並べてみると、印象が変わると思いませんか？　直訳すると、「神の顔を見る」とか、「かつて語られた真理（truth）」という表現が使われているのです。しかし、それは何を意味しているのでしょうか。

「誰かを愛することは、神のおそばにいること」と言われると、漠然と愛の尊さや素晴らしさを語っているように見えますが、原文から察すると、もっと宗教的な響きが感じられます。恋人同士で愛し合うというロマンチックな言葉ではなく、「自分とは違う他の人（another person）」を愛することが要求されているのです。これは、「汝の隣人を愛せ」というキリスト教の教えを連想するのではないでしょうか。だとすると、かなり道徳的な響きが漂ってきます。

◆神の顔から考える「愛」

もともと、『レ・ミゼラブル』はキリスト教的な信仰に貫かれています。ジャン・ヴァルジャンは、銀食器を盗んだにもかかわらず、司祭に許され、そこから正しい人生を歩み始めるのです。とすれば、最後の歌も、この文脈から理解しなくてはならないでしょう。そうでなければ、「神の顔を見る」という表現は出てきません。

そこで、この歌を聞くと、キリスト教の知識をもつ人は、おそらく新約聖書の次の言葉を連想するのではないでしょうか。『ヨハネの手紙一』（第4章11－12より／一般財団法人 日本聖書協会）に次のような言葉があります。

『愛する人たち、神がこのように私たちを愛されたのですから、私たちも互いに愛し合うべきです。いまだかつて神を見た者はいません。私たちが互いに愛し合うなら、神は私たちの内にとどまり、神の愛が私たちの内に全うされているのです。』

これは「かつて語られた真理」と呼ばれるにふさわしい言葉ですね。この言葉（真理）を忘れないように、ジャン・ヴァルジャンは若い二人に言い残していったわけです。二人の男女が愛し合うのはもちろんですが、他の人にもこの愛は広げていくべきだということを伝えたかったのでしょう。

このようなキリスト教的な愛の信仰のもとで、映画『レ・ミゼラブル』の最後は、「誰か（他人、隣人）を愛することは、神のおそばにいること（神の顔を見ること）」と歌われている

【図9】

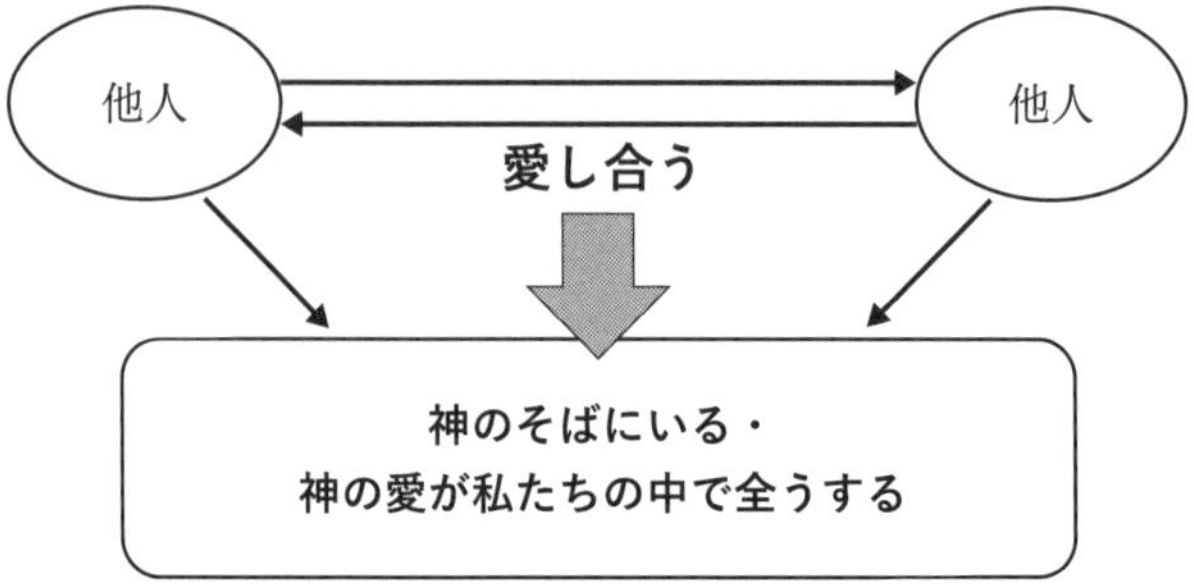
他人
他人
愛し合う
神のそばにいる・
神の愛が私たちの中で全うする

のです。そこでこの関係を、図9のように図式化してみます。

ここで注意しておくべきは、『レ・ミゼラブル』では、**人間同士が愛し合うことは、神の信仰につながっている**ということです。また、愛として想定されているのは、二人の性愛というよりも、むしろ隣人への愛のような道徳的な愛の形です。

逆に言えば、「神」への信仰がなかったならば、こうした愛の形は成立しない、とも考えられるでしょう。

愛とは、本当に「よい」ものなのか？

現代では「愛」といえば、たいてい「よい」ものとされています。「愛は地球を救う」というテレビ番組のテーマを、皆さんよくご存じでしょう。

しかし、有島武郎の評論『惜しみなく愛は奪う』でも主張されているように、「愛」は極めて厄介なものです。有島自身、妻が亡くなって以降、3人の子どもがいたのですが、人妻との恋愛（不倫）の末に、軽井沢の別荘で首をくくって心中しています。愛とはいつも尊く、素晴らしい経験を私たちに与えてくれるものということではないのですね。


そうした「愛」の厄介さを表現したものとして、漫画『北斗の拳』（完全版より／武論尊原作、原哲夫作画／コアミックス）のセリフを見ておきましょう。これは、1980年代に発表された作品ですが、世界的によく知られ、今でも多くの人に愛されている作品です。

「世紀末救世主伝説」というコンセプトのもとで、登場人物たちが多様な拳法を繰り出し、強烈な叫びや悲鳴などを発することで、読者に大きなインパクトを与えました。特に、主人公のケンシロウが、相手の「秘孔」を突き、『お前はもう死んでいる』と決めゼリフをはく場面が、当時の少年たち（あるいは少女や大人たちも）を熱狂させました。

ただし、ここで取り上げるのは主人公ではなく、それに対決する悪役サウザーという人物です。このサウザーは悪役とはいえ、とても人気の高いキャラクターです。その理由の一つとなっているのが、次の有名な言葉でしょう。

『愛ゆえに人は苦しまねばならぬ!!
愛ゆえに人は悲しまねばならぬ!!』

――なぜ彼の口からこのような言葉が発せられたのか、少し説明が必要かもしれません。これを語っているサウザーは孤児だったのですが、その彼を実の子のように育ててくれた拳法の師オウガイを、自分の手で殺してしまうことになったからです。その悲しみや苦しみと、愛の不条理さ――それに対する言葉が、このセリフだったのです。

こうして、サウザーは愛を棄て、拳法の道に励むことになるのですが、その後どうなったのかは、作品を読んでいただく他ありません。

ここで確認しておきたいのは、世の中で「愛」の称賛、大合唱が起こる中で、その否定的な側面を簡潔な言葉で示したことです。しかも、実を言えば、これは多くの人がうすうす感じていたことでもありました。

有島武郎に限らず、日本では愛が必ずしも素晴らしいものとだけ考えられてきたわけではありません。「愛別離苦」という四字熟語にもありますが、愛と苦しみは背中合わせと言えます。あるいは、「愛欲」という表現を見て、どうお感じになりますか？　ドロドロとした、貪欲な欲望がイメージされ、この愛は必ずしも美しさを感じませんよね。

こうした愛のイメージは、どこから来るのでしょうか。それを考えると、仏教の伝統に結びつくかもしれません。

◆愛からは憂いが生まれる

もともと、「愛」という言葉は日本語の中で、どのように使われていたのでしょうか。細かな歴史を辿るのは大変ですが、この「愛」は漢訳仏典に由来するそうです。そこで、仏教で「愛」がどう考えられていたのか、ほんの少しだけ確認しておきましょう。というのも、「愛」に関する否定的な表現は、仏教の考えに遡るからです。

仏教では、「愛」を使ったものとして、「愛執《あいしゅう》」とか「渇愛《かつあい》」という言葉があるように、渇きにも似た欲望の強い執着を意味することが多いです。そのため、「愛」は「苦」の原因

【図10】

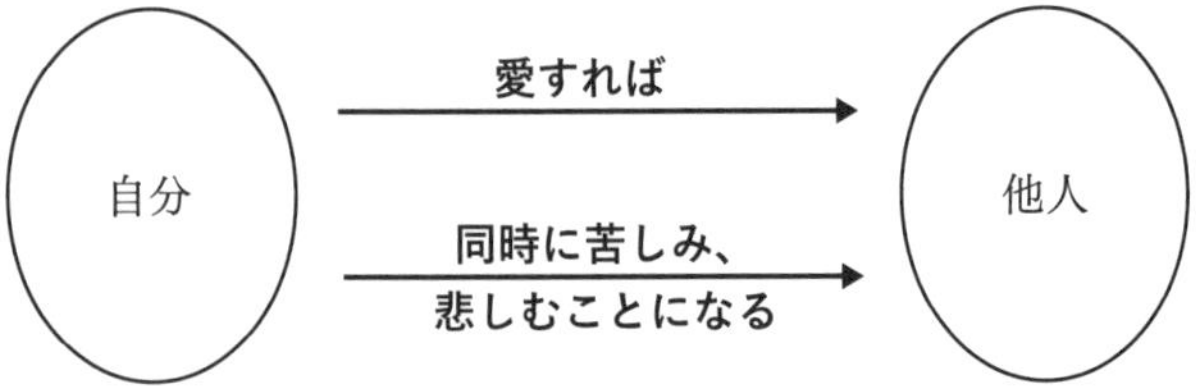
自分
愛すれば
同時に苦しみ、
悲しむことになる
他人

となる十二因縁の一つとされています。

仏典の一つに、『ダンマパダ（法句経）』（今枝由郎／光文社）というものがあります。その中で、ブッダは次のように語っています。

『愛しさから憂いが生じ、愛しさから恐れが生じる。
愛しさを離れれば、憂いも恐れも生じない。』

どうでしょうか。これを読むと、サウザーの言葉に近いと思いませんか。

ここでブッダがすすめているのは、「愛からの離反」です。自分の息子や孫、結婚間近の相手などを亡くして悲しみにふけっている人に対して、その悲しみの原因を「愛」と呼び、そこから離れることをすすめているのです。「愛」は苦しみを生み出す「煩悩」だと考えられています。

このように見ると、同じ宗教でも「愛」をすすめるキリスト教と、「愛」からの離反をすすめる仏教では、方向性が真逆ですね。仏教の教えによれば、他人への愛情は、執着を生み、苦しみを引き起こすのです。ですから、こうした「愛執」から離れることが、人間にとって「煩悩」からの解脱《げだつ》につながるわけです。

愛すれば愛するほど、苦悩や悲しみが増えます。その苦しみや悲しみから脱するには、愛から離れなくてはならないのです。まさに、**「愛さなければ、苦しむことも、悲しむこともない」**わけです。

皆さんは、キリスト教的な「愛のすすめ」と、仏教的な「愛からの離反のすすめ」のどちらに共感するでしょうか。

理性と「禁断の恋」のはざま

ここでは、日本の古典中の古典、紫式部による『源氏物語』（玉上琢弥訳注／KADOKAWA）について見ることにします。

ただし、注意しておいたほうがいいのは、『源氏物語』には「愛」という言葉がそのまま使われていないことです。たとえば、「かなし」という音に「愛し」という文字を当てることはありますが、現代的な「愛」とは違っています。細かな話はできませんが、「愛」という言葉を使わないで、どのように愛を表現するかに注目しましょう。

若かりしころの光源氏による和歌で考えてみます。これは、「紅葉賀《もみじのが》」の最初に出てくる歌です。有名なので、ご存じの方も多いのではないでしょうか。

『もの思ふに立ち舞ふべくもあらぬ身の袖うちふりし心知りきや』
物思いのため、人前で立ち舞うなどできそうにない私が、袖ひるがえし舞った心のほどをおくみ下さいましたか。

まず、場面を確認しておくと、これは光源氏が思いを寄せる藤壺におくった歌です。ただ、この歌を理解するには、そのときの背景知識（文脈）が前提になります。

当時の文化人（文字の読み書きのできる知識人）の常識からすると、舞の演目で「袖を振る」ことが大きなヒントになります。どの辞書でも、「別れを惜しんだり、愛情を示したりするために、袖を振る」などと説明されています。だからこそ、この和歌をおくられた藤壺は、次のように和歌を返すわけです。

『からひとの袖ふることは遠けれど立ち居につけてあはれとは見き』
異国の人が袖をふったという故事はよく知りませんが、お手振りは結構に存じました。

これで分かるのは、光源氏の舞を見て、藤壺はその意味を正確に理解しているということです。「袖を振る」という舞に込められた社会的な意味を理解できるだけの知性やセンスが、双方には必要というわけですね。ＡＩは理解できるかどうかという点で考えると、この取り決め（ルール）を知れば容易に理解できる言葉であると言えます。

もう一つ、「もの思ふ」という言葉が、重要な意味をもつことに注目しておきましょう。これは「ただ思う」だけでなく、「あれこれと思いわずらう」、つまり悩むことですが、特に「恋に悩む」意味としてしばしば使われます。ですから、光源氏が「もの思ふ」と最初に詠んだとき、相手に対して思い悩んでいること（恋わずらい）が、ストレートに表現されているのです。

◆近親相姦的な愛

しかし、どうして思い悩む必要があるのでしょうか。

実は光源氏と藤壺は、道ならぬ関係なのです。今風に言えば、源氏は先妻の子であり、藤壺は後妻として源氏の「継母」になります。ただ、年齢は5歳しか離れていないので、実際には姉と弟のようなものでしょう。

ところが、この二人には、性的関係ができてしまったのです。その密通（ちなみに2回）の後で、和歌が詠まれています。そのとき源氏は18歳、藤壺は23歳と若く、見目麗しかったため、お互いを性的対象として見ることは容易かつ自然な流れであったと想像できます。しかも、源氏の父親は帝ですから、複雑な関係なのです（図11）。

こうした事情が分かってしまうと、「もの思ふ」という語に込められたさまざまな側面が、理解できるのではないでしょうか。光源氏と藤壺は、まさに「禁断の恋」に燃え、思い悩んでいるのです。

【図11】

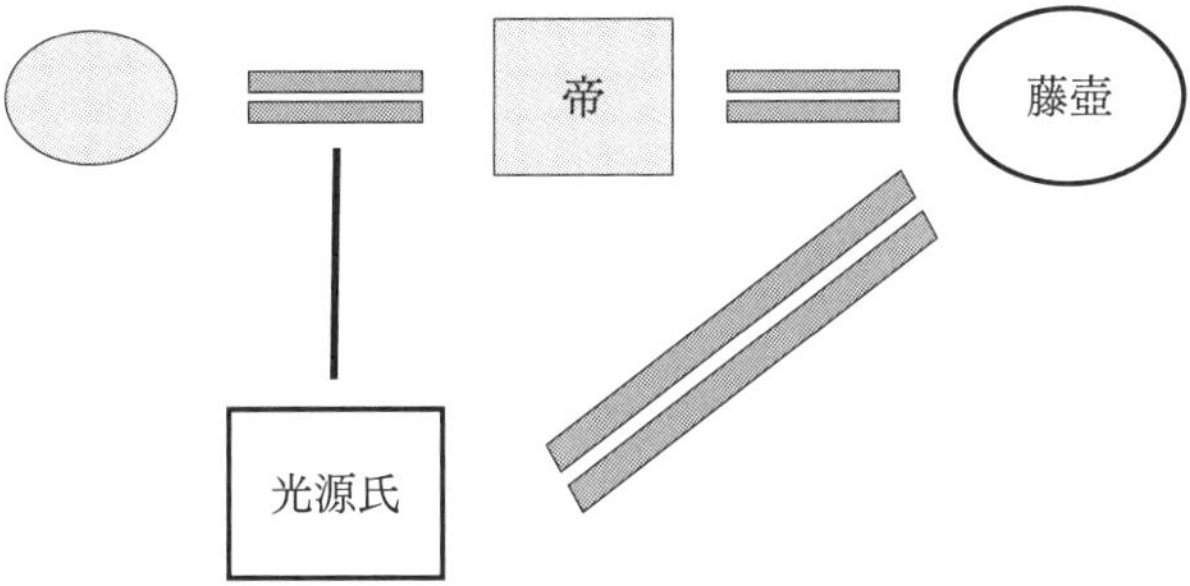

恋愛は、欲望や感情によって駆動されるのですが、それをとりまく社会的な関係や制度（あるいは「タブー」）を無視できません。誰を愛してよく、誰を愛してはいけない――これがきっちりと決まっていて、その中で愛が成就するわけです。

ただ、禁止されたタブーを侵犯するのは、この上もない喜びにもなります。それについては、バタイユの指摘を待つまでもなく、多くの人が知るところでしょう。『源氏物語』の性的放縦さは、そのあたりに秘密がありそうです。

光源氏と藤壺は、血縁関係はありませんが、形式上は親と子の関係です。ですから、二人の性的関係は、フロイトが提示した「エディプス・コンプレックス」を参考にできるかもしれません。

これは、ギリシア神話の「エディプス王」の物語に基づいて構想されたものです。男の子が幼少期において、父を憎み母を愛する、という例の話です。

『私どもは母を最初の〈愛の〉対象と名づけます。すなわち、私どもが愛ということばを使うのは、性的な欲求の心的側面を前景に出し、その根底にある身体的または「官能的」な欲動の要求を抑制したり、あるいはほんのわずかのあいだ忘れようとしたりするときなのです。』(『精神分析学入門』懸田克躬訳/中央公論新社)

とはいえ、誤解のないように急いで付け加えておきますと、「愛」のすべての形が「エディプス・コンプレックス」に由来する、というわけではありません。しかし、愛の起源として、この理論は影響力も大きかったので、確認しておいても損はないでしょう。

「相手の目を通して世界を見る」とはどういうことか

2013年にスパイク・ジョーンズ監督が発表した近未来映画『her/世界でひとつの

彼女』（アスミック・エース配給）をご存じでしょうか。これは、主人公の男性がＯＳのＡＩと恋愛する、という面白いコンセプトの映画ですが、ここで取り上げる愛の言葉は、主人公の男性が作成したものです。残念ながら、ＡＩに対して使う言葉ではありませんが、ＡＩが使ってもよさそうな言葉です。

主人公のセオドアはハートフル・レター社という、手紙代筆業の会社に勤めています。彼の仕事は、クライアントから依頼を受けて手紙を代筆することです。しかし、最近は以前のようにいい文章が書けず、やや停滞気味でした。

ところが、女性の声をしたＡＩと「付き合う」ようになって、結婚とは何なのか、愛する人と過ごし、分かち合うとはどんなことなのか、思い出します。そうした会話の中で、素晴らしい文章が復活したのです。その一つが、女性が愛する男性に宛てて書いたという想定の手紙です。その最後が次のように結ばれています。

her／世界でひとつの彼女
好評配信中

――『毎日家に帰ったら、その日のことをい

Photo courtesy of Warner Bros. Pictures

つも話してくれる？　おしゃべりな同僚のこと、ランチでシャツについたシミのこと。朝起きたときに思いついたけれど忘れてしまった面白い考えや、おかしな人のことを話して笑い合いたいの。

もし夜遅く帰って私が寝ていても、耳元でささやいてね。あなたが今日思いついたささやかな考えも。

私はあなたのものの見方が好きよ。

あなたのそばにいて、あなたの目を通して世界が見られたらうれしいわ。

愛を　マリアより』（著者訳）

「あなたの目を通して世界を見る」という表現は、そのまま受け取っていいのでしょうか。たしかに、「あなたが話してくれること」は、「あなたの目を通して、あなたが見た世界」でしょう。しかし、このとき聞いている「私」は、その世界のことが分かるのでしょうか。

そんなとき、ルートウィッヒ・ウィトゲンシュタインが『哲学探究』（鬼界彰夫訳／講談社）の中で示したイメージが、思い浮かぶかもしれませんね。それは、「箱の中のカブト虫」のイメージです。

『全員が箱を持っていて、その中に我々が「カブト虫」と呼ぶ何かが入っているのだとしよう。誰も他人の箱の中を見ることはできない。そして全員が、自分はカブト虫が何なのかを自分のカブト虫を見ることのみによって知る、と言う。』

たとえば、一緒に暮らしている愛する人が、「頭が痛い」と語ったとしましょう。ところが、あなたには頭が痛いという経験がほとんどなかった場合、相手の言葉をどこまで理解できるでしょうか。あるいは、頭痛の経験があったとしても、自分のそれが今相手の語っている頭痛と同じかどうかは、分からないのです。

【図12】

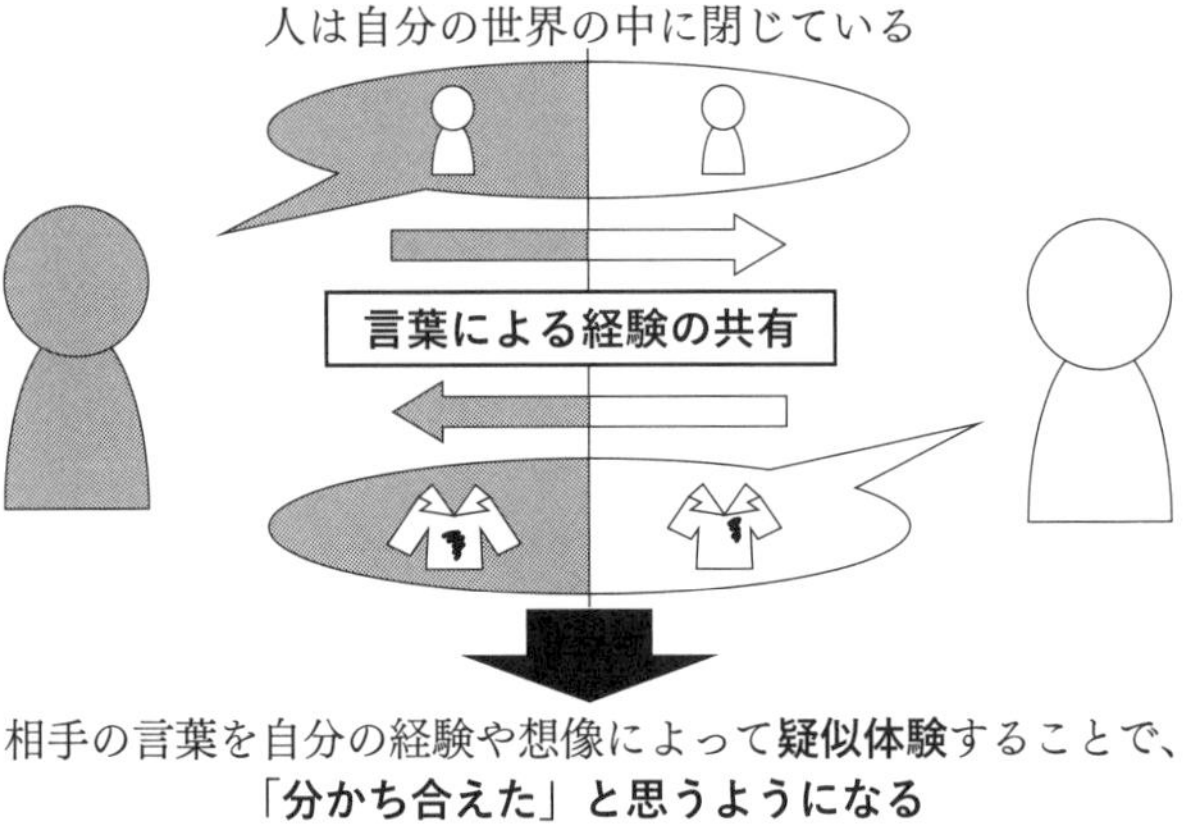
人は自分の世界の中に閉じている
言葉による経験の共有
相手の言葉を自分の経験や想像によって**疑似体験**することで、
「分かち合えた」と思うようになる

つまりここで語られているのは、まず「**言葉による経験の共有**」。そして「**相手の言葉を自分の経験や想像によって疑似体験すること**」です。ただし、あくまでも自分の理解なので、それが相手の世界と同じかどうかは、何の確証もありません。

そう考えると、各人は自分の世界の中に閉じている、と言ったほうがよさそうです。それを理解しているからこそ、言葉にすることで愛する人の見た世界を知りたい、そして自分の見た世界を知ってほしいと思うのでしょう。これが、「**分かち合う**」ことにつながるわけですね（図12）。

愛は等価交換である

この章の最後に、男女の恋愛に関する言葉として、『鋼の錬金術師』（荒川弘／スクウェア・エニックス）を見ておきましょう。この物語のクライマックスで、主人公の男性（エドワード）が次のように語っています。場面は主人公が汽車に乗り込んで、女性（ウィンリィ）と別れるシーンです。

――**『等価交換だ　俺の人生半分やるから　おまえの人生半分くれ！』**

ただ、「等価交換」と言われても、この物語を知らない人にとっては、何のことか分からないのではないでしょうか。

しかし、ストーリーは知らなくても、それに続く対話を見ると予測できます。女性がこう答えるからです。

『あ――もうどうして錬金術師ってそうなのよ　等価交換の法則とかってバッカじゃ

ないの？』
『ほんとバカね　半分どころか全部あげるわよ』

ここまでくると、「錬金術師」や「等価交換」の意味が分からなくても、男性が女性に愛の告白（プロポーズ）をしている言葉だと分かりますね。主人公流の愛の表現なのです。

しかし、なぜ主人公の男性は「等価交換」という言葉をもちだして、「人生半分くれ」と言ったのでしょうか。

そこで、漫画の背景を簡単に確認しておくと、舞台は産業革命期19世紀のヨーロッパとなっています。その世界に、錬金術を学んだ主人公が、弟

鋼の錬金術師

と一緒に錬金術を駆使して、物体の錬成を図るのです。そのときのルールとなっているのが、「等価交換」と見なされています。ただし、錬金術にしても、等価交換にしても独自の意味が与えられているので、厳密には内容を確認しなくてはなりません。

とはいえ、場面設定と言葉のイメージからすると、産業革命によって成立した資本主義社会での等価交換が想定されているとは言えそうです。

◆資本主義社会の愛は等価交換？

そこで、資本主義社会を主題的に分析したカール・マルクスの『資本論』（今村仁司・三島憲一・鈴木直訳／筑摩書房）を、簡単に見ておきましょう。商品A（リネン）と商品B（上着）が等価交換される場合、次のように言われています。

『いかなる商品も、等価物としての自分自身に自分を関係づけることはできない。いわば自分自身の生まれつきの皮膚を自分自身の価値の表現にすることはできない。だからこそ商品は、等価物としての他の商品に自分を関係づけなければならず、他の商品の生まれつきの皮膚を自分自身の価値形態にしなければならない。』

【図13】

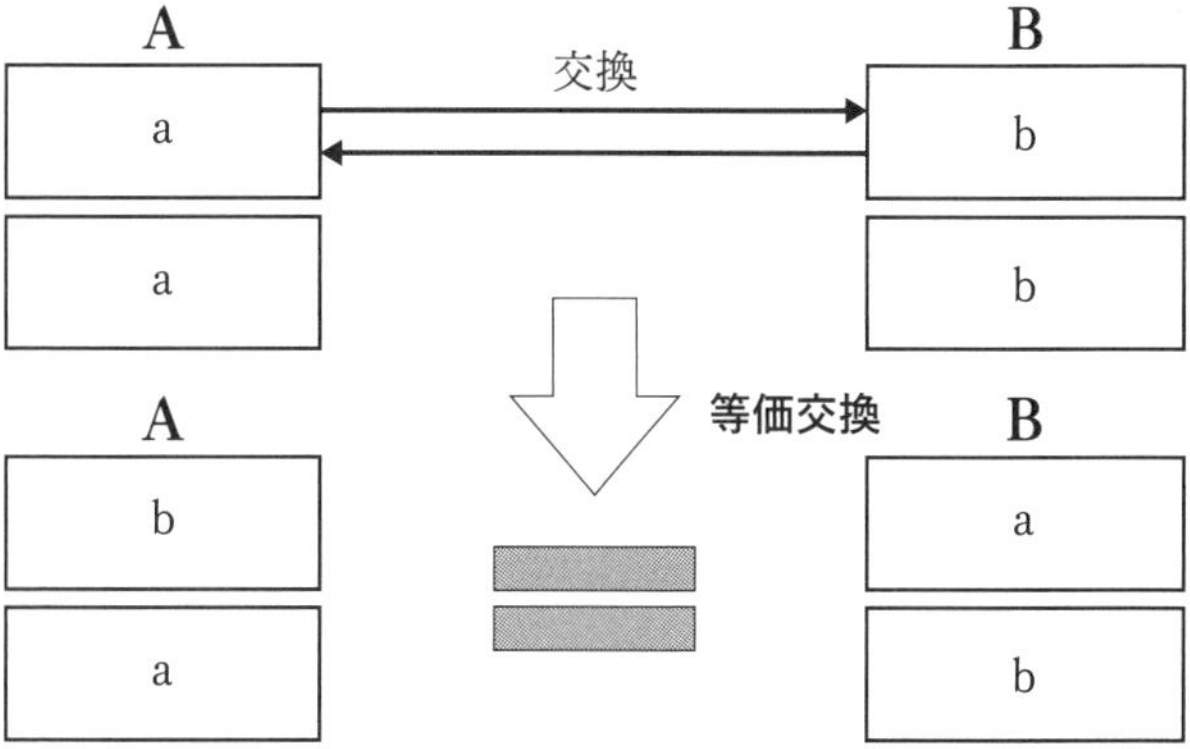

プラトンが語る「愛の原型」に近づく

この文章を参考にして、「人生半分ずつ」の等価交換を考えてみましょう。図示すると、図13のようになりますね。

だとすれば、最初はAとBはまったく違った人間ですが、半分ずつ等価交換することによって、まったく似た者同士ができ上がるわけです。そうなると、プラトンが語った「愛の原型」に近づくように見えます。

『饗宴』（中澤務訳／光文社）の中でプラトンは、喜劇作家のアリストパネスに、次のような神話を語らせています。

『俺たち人間は、かつては一つの存在だ

った。しかし現在は、罪を犯したために、神によって二つに引き裂かれている。』

アリストパネスの話に従うと、「**恋愛とは、二つに割られた人間が、かつての自分の半身を求めて、昔のように一体となろうとすること**」になります。

もちろん、『鋼の錬金術師』がこうしたプラトンの「愛」を想定していたかは分かりません。ですが、半分ずつの等価交換によって、プラトン的な愛に近づくというのは、面白いのではないでしょうか。

もしかすると、「等価交換」という言葉によって、「あなたがいなければ自分は完全な人間になれない」と言いたかったのかもしれませんね。なんとロマンチックなプロポーズの言葉でしょう。

第3章

「セックス×愛」を理解できるか？

❖いちばんすきな花
❖夫のちんぽが入らない
❖最低。
❖恋愛論
❖いてもたってもいられないの
❖チェンソーマン
❖セックス・アンド・ザ・シティ
❖恋せぬふたり

性愛とセクシュアリティ

この章では、「愛」の中でも「恋愛」について、特に「性愛」に関する言葉を見ていきます。そのために、「セクシュアリティ」という概念を導入しておきましょう。

これは、基本的には「人間の性に関わる現象全般」を意味していますが、20世紀の後半になって、人間の性的傾向や性的能力、性的欲望などを問題にするときに使われるようになりました。人間の性は生物学的な性（セックス）だけには限定されず、ジェンダーのように社会的にも問題になります。

今日では、セクシュアリティの考えが大きく変わり始めています。近代の伝統的な考えだと、性愛も恋愛も一夫一婦制の結婚制度の下で考えられてきました。ところが、LGBTQに代表されるように、これまでの常識を覆すようなことが、むしろ当たり前のようになっています。あるいはこう言ったほうがいいかもしれません。

セクシュアリティにおいては、何事も当たり前のものはなくなった！　と。

人間のセクシュアリティは、生物学的なものには限定されていませんし、性的欲望は多様化するだけでなく、その消滅さえも見え始めています。セクシュアリティは、この先どこへ向かって行くのでしょうか。

1950年代に『エロス的文明』（南博訳／紀伊國屋書店）を書いたハーバート・マルクーゼは、次のように予言していました。

『まず、すべての性感帯が復活し、ついで、性器以前の多様な性欲が復活して、性器の優位が失われる。肉体の全部が、性的定着の対象となり、享受されるもの、快楽の手段になるだろう。リビドー的な関係の価値と範囲がこのように変ってくると、私的な人間同志の関係を組織する制度、とりわけ一夫一婦制と夫権の家族制度が崩壊することになるだろう。』

今のところ、一夫一婦制はまだ崩壊してはいませんが、現在のセクシュアリティの方向を見ていると、やがてはそこへ向かうのではないかと考えさせられます。

この章で見るのは、その序章に当たるような言葉の数々です。

命題「男女の友情ある・ない問題」を理解できるか？

学生の頃議論すると、必ず白熱するテーマがありました。

互いに性的対象が異性である場合、「男性と女性の間では、友情が成立するか否か」という問題です。ある人（たとえば男性）は、「そんなの無理だよ！」と言い、「男女が同じ部屋で一夜を過ごしたとき、どうなると思う？」としたり顔で話すのです。

それに対してまたある人（たとえば女性）は、声高に叫び始めます。「男女間でも、恋愛にならない関係はあるよ。私にも男友達はたくさんいるけど、彼らに恋愛感情はないからね！　まして性的関係なんて全然ないし、あり得ない！」と。

この青春真っ最中のようなテーマを正面から真剣に取り上げたドラマが、2023年にテレビで放送されました。『いちばんすきな花』（フジテレビ系）というドラマです。そこで、この作品を手がかりに、この問題にアプローチすることにしましょう。

◆男女の友情はあるのか？

このドラマは、4人の俳優が主演をつとめる「クアトロ主演」ドラマと呼ばれ、それぞれが「友情」と「恋愛」のはざまで揺れ動くように設定されています。その中でまず、「潮ゆくえ」と「深雪夜々《よよ》」という二人の女性の会話を拾ってみましょう。

夜々　「さっきの電話、いつものお友達ですか？」
ゆくえ「うん」
夜々　「それは、女友達？」
ゆくえ「うん、そう。男友達って呼べるの赤田だけだったけど、もう友達じゃないから」
夜々　「……すみません……」
ゆくえ「ううん。夜々ちゃんはさ、男女の友情って成立すると思う？」
夜々　「（考えて）あー……。成立しないって最近まで思ってました。結局は異性だし、女友達みたいにはいかないだろって」
ゆくえ「うん」

夜々　「でも、あっ条件次第かもな、って。紅葉くんは友達です。友達以上でも以下でもない。(笑って)以上にも以下にもならない」

(『いちばんすきな花　シナリオブック　完全版』生方美久脚本/扶桑社)

これを見るかぎり、二人は「男女の間にも友情が成立する」と考えているようですね。ただ注意すべきは、相手によりけりという点です。「ゆくえ」の場合には「赤田《あかた》(鼓太郎)」が、「夜々」の場合には「(佐藤)紅葉《もみじ》」が、それぞれの「男友達」と言われています。みんながみんな、男女の間で友情が成立するわけではないのです。

だとすると、「男女間に友情は成立するか」と考える場合、一般論で答えると間違うかもしれませんね。相手がどんな人であれ、「男女間に友情が成立するかどうか」を問うわけではありません。会話の中にもあるように、「**条件次第**」がポイントになるわけです。これを忘れると、たぶん議論にはなりません。

たとえ異性であっても、「どう考えても恋愛には発展しない人」っていますよね。それでも親しくしたいと思うときは、友情関係ができるかもしれません。あるいは、最初はそれほど異性として意識していなかった人もいます。そのとき、友達と見なしていた人が、い

【図14】

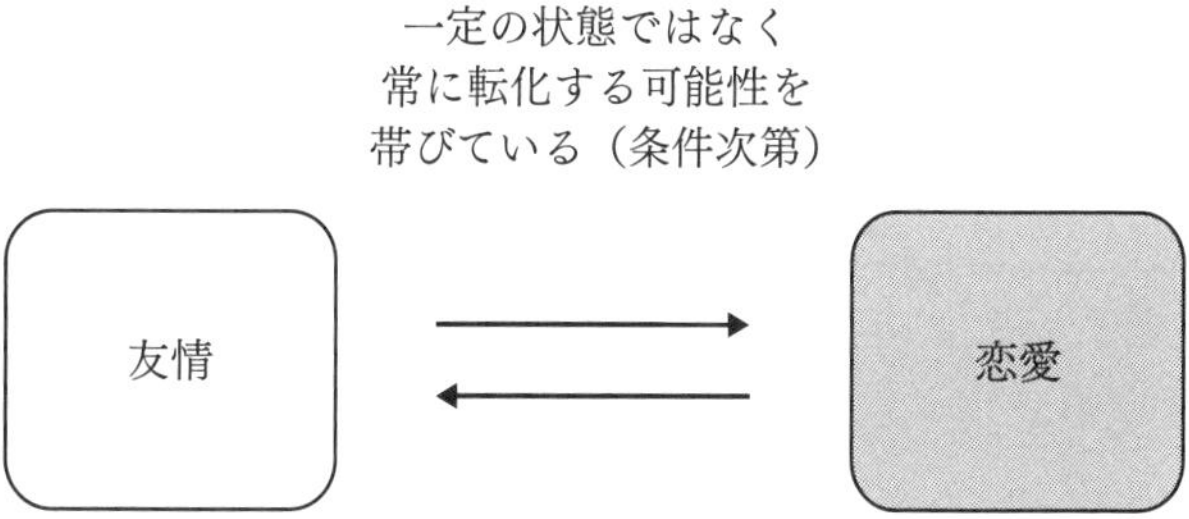
一定の状態ではなく
常に転化する可能性を
帯びている（条件次第）
友情
恋愛

つしか恋愛の対象になってしまうかもしれません。

そう考えると、「男性か女性か」という性の区別にしても、はたまた「友情か恋愛か」という区別にしても、厳格に峻別《しゅんべつ》したところで、あまり意味がないように思えます。友情だから恋愛にはならないとか、恋愛だから友情とは違う、といった紋切り型の区別よりも、もっと柔軟に考えたほうがいいでしょう。

友情も恋愛も一定の状態に留まるのではなく、もしかしたら**他方に転化するかもしれない**からです。もちろん、転化しないことも多々ありますが、それは人次第、条件次第といえます。

図示すれば、図14のような感じになります。

◆同性間の恋愛はあるか？

ところで、「男女の間で友情は成立するか」という問いは、その前提として「男女間で成立するのは恋愛である」という考えが想定されています。そこで今度は、この想定そのものを、別の角度から問題にしてみましょう。

たとえば反対に言えば、「同性の者たちでは、友情しかあり得ないのか」あるいは、「同性の者たちは恋愛することがないのか」という問いです。この問いに対しては、今日LGBTQの認識が広がってきたので、皆さんもよくご存じだと思います。

『いちばんすきな花』でも、この問題は当然話題になっています。先ほどと同じ「ゆくえ」と「夜々」が、次のような会話をしています。なお、ここでは異性愛者の視点から述べているということを前置きしておきます。

ゆくえ「……じゃあさ、男同士とか女同士の恋愛って成立すると思う？」

夜々　「はい、もちろん。知り合いとかにはいないですけど、当たり前にあると思います」

	同性間	異性間
友情	○	？
恋愛	？	○

ゆくえ「そうなるよね。そうなるんだよ。みんな自分がどうこうじゃなくて、そういう人もいるって考えができる」
夜々「（頷いて）うん、そうですね」
ゆくえ「なのにさ、男女の友情は成立すると思う？　って質問だと、みんな自分はこう！　って自己主張ばっかりするでしょ」

この会話を全体的に捉え直すために、上表を見てください。横軸には同性間と異性間を置き、縦軸には友情と恋愛を置きます。一般に、つまり世間的に成り立つと見なされているものに「○」をつけ、ここで議論になっているものを「？」で示しておきます。

これまでの社会通念では、同性間の友情と異性間の恋愛は、異論がありませんでした。それに対して、「？」とされた部分に関しては、時代や人によって、考え方が違っていたのです。そのため、しばしば話題となり、考えの違いなどが取りざたされています。

しかしながら、現代の社会的な変化をみると、同性間の恋愛が成立しないと見なす理由は見当たりませんし、異性間の友情が成立しないと考える理由もありません。

ただ、ここで気をつけておいたほうがいいのは、多数派か少数派かという点でしょう。それを確認するため、「男女間の友情」を改めて取り上げて考えます。

◆「自分の見方（マイノリティ）」と「世間の見方（マジョリティ）」

たとえば、芸能界のスキャンダルとして、「若いタレントの男女が、一晩中同じ部屋にいた」という話を聞いたとき、あなただったらどう考えるでしょうか？　その二人が、「普通に友達として話していただけ。楽しかったですけど」と言った場合、あなたはこの言葉を信じるでしょうか。

おそらく、多くの人（あるいは、ほとんどの人）は、「二人には性的関係があったに違いない！」と見なすのではないでしょうか。このとき、「本人たちが友達として話していただけ

いちばんすきな花

と言っているのだから、きっとそうなんだろう」などという人は、たぶんごく少数でしょう。

その理由は、「男女が同じ部屋で一夜をともにする」と言われたとき、世間的には性的関係を含んでいるからです。もしかしたら、その二人の男女には本当に性的関係はなかったかもしれませんが、**世間的、つまりマジョリティはそう判断する**ということです。

『いちばんすきな花』にも、それに関わる話が登場します。先ほど挙げた会話は次のように続きます。

ゆくえ「それがもう、そういうことなんだよ。恋愛より友情のほうが、なんか扱いが軽い。恋愛の話には慎重なのに、友情のことになると、無意識に他人の価値観否定しちゃってる……私もだけど」

夜々「……そうですね……私も」

ゆくえ「男女の友情は成立しないって人はいるよ。絶対いる。でも、私と赤田は友達だった。成立してた。それだけ。他人は関係ない。二人の間のこと」

【図15】

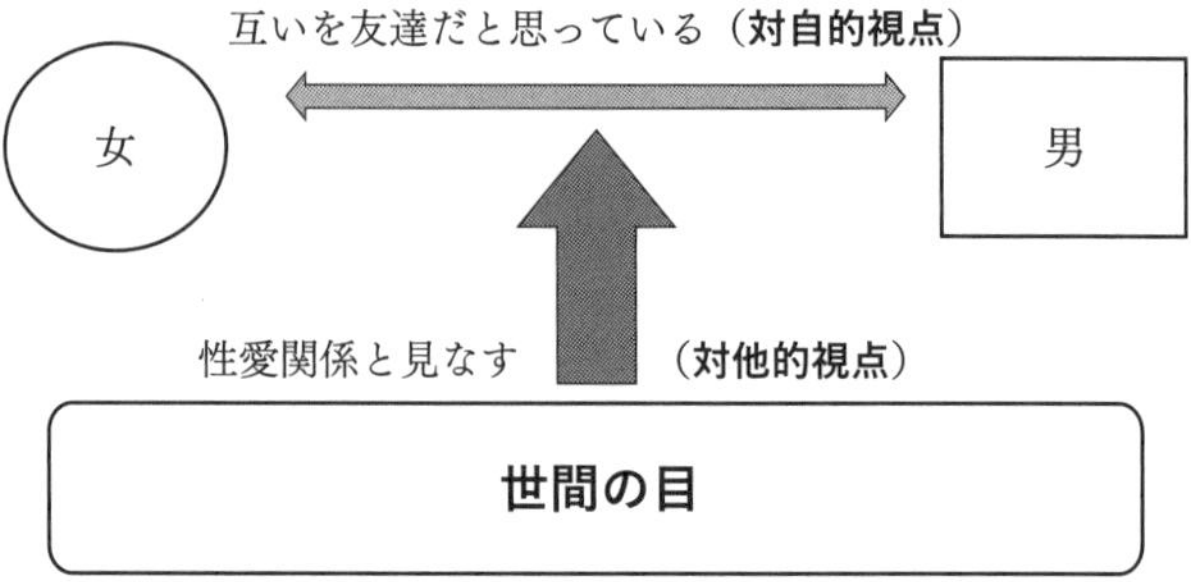
互いを友達だと思っている（**対自的視点**）
女
男
性愛関係と見なす
（**対他的視点**）
世間の目

「自分たちは友達なのに、どうして第三者が勝手に自分の価値観や先入観から、私たちの関係を判断するのか」というわけです。

なぜこのようなことが起こるのでしょう。

哲学の言葉を使って説明すると、「**対自的**（＝**自分に対して**）」と「**対他的**（＝**他人に対して**）」の違いによって引き起こっていると言えます（図15）。

この誤解の理由については、理解しておく必要があります。というのも、「対自的」と「対他的」の対立は、この場合に限らず、私たちの生活には必ず（いつでも）付きまとうからです。

たとえば「理解はできる（対自的・マイノリティ）けれど、みんな（対他的・マジョリティ）はこう思うでしょ？

だから私はこう思うよ」というわけです。

　ではなぜ、マイノリティである同性間の恋愛に関しては、成立すると「心で分かる」ではなく、「理解できる」と言うのでしょうか。その理由の一因には、言う人の立場が関わっていると考えられます。つまり、その言葉を言う人のほとんどはおそらく、当事者ではない異性愛者であるということです。

　ここでも、当事者（対自的）か当事者ではない（対他的）かという視点が関わってくるのですね。「世間的（マジョリティ）には同性愛を理解していることが推奨されるから、自分（マジョリティ）も理解はできる」というわけです。

　さて、あなたはどうでしょうか？　ぜひ考えてみてください。

「セックスのない愛」を理解できるか？

2004年に亡くなったフランスの哲学者ジャック・デリダが、かつて「Phallocentrisme」という言葉を使って、西洋の哲学的な伝統を批判したことがありました。もともと、この語はフロイト派の精神分析学で使われていたものですが、どう訳したものか悩ましいところでした。

デリダの場合には、「ファルス中心主義」と訳されて、なんとなく崇高なイメージが与えられていました。もう少し意味を明確にするため、「男根中心主義」という訳も使われていたのですが、今になって考えてみると、「ちんぽ中心主義」と訳せばもっと普及したかもしれません。しかも、こうすることによって、オカタイ西洋思想の伝統をもっと笑い飛ばすことができそうです。

さて、そんなことを想像しながら、2017年に刊行された『夫のちんぽが入らない』

【図16】「セックス−愛−結婚」の三位一体図式

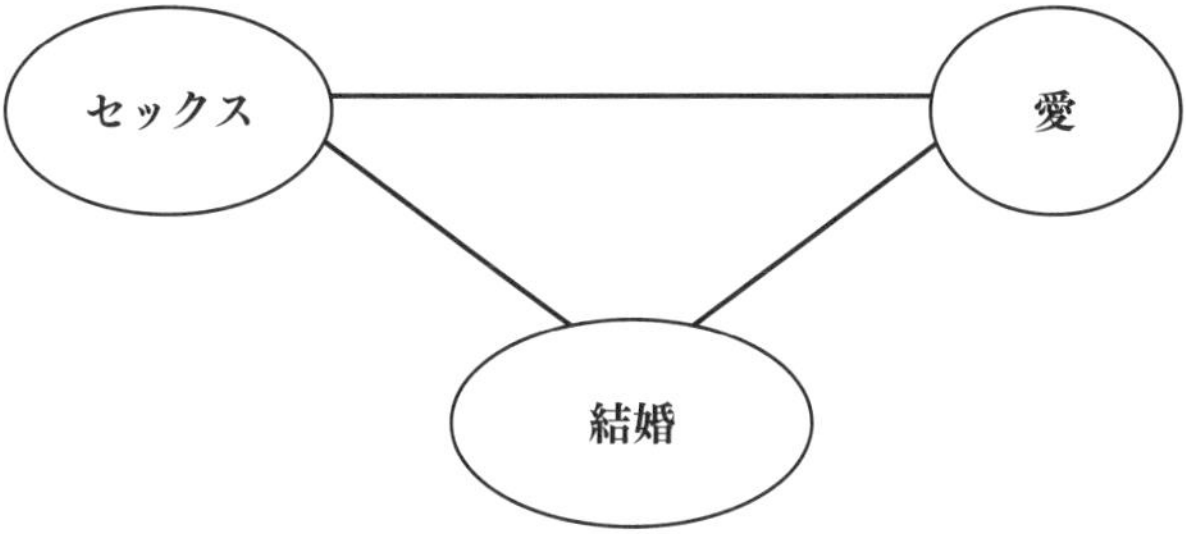

（こだま／講談社）の愛を考えることにしましょう。タイトルを見て一瞬ドキッとしながら、何が書いてあるのか興味津々にさせられる本ですね。

この私小説では、「ちんぽが入らない」まま結婚し、夫婦となったカップルが淡々としたタッチで描かれています。これだけだと、なんとなくキワモノ小説のように見えますが、そこにあるテーマは結構深刻なものです。

というのも、「性」と「愛」、さらには「結婚」という三つが、それぞれ別物だということを白日の下に示したからです。今までの近代的な考えでは、「性と愛と結婚」は、いわば三位一体のように理解されてきました。これを、「セックス―愛―結婚」の三位一体図式（図16）と呼んでおきます。ところが、こんな三位一体なんて、虚構にすぎないのではないか、というのです。

しかし、実際には近代的な考えにも、すでに亀裂は入っていました。そのため、ひび割れした関係を覆い隠すため、いろいろな幻想が語られてきたのです。その一番のものが、「セックス」と「愛」とを結びつけることでしょう。

さらには、両者を結婚と結びつけて、ハッピーなカップルを描き（ないし演じ）たがるのですが、実際にはこれがうまくいかないことは、みんなよく知っているわけです。その点では、この小説は一見したところエロい本のように思われるかもしれませんが、現代の急所を捉えている作品です。

◆セックスと愛と結婚の三位一体図式

ストーリーはとてもシンプルです。主人公の女性が大学入学を機にアパートに引っ越し、そこで同じアパートに住む大学の先輩と出会います。そこから「セックス（交際）↓結婚」という、いつものコースを辿るのですが、一つだけ違っていたのです。なんと、「ちんぽが入らない」のです。「えっ?」と思える展開ですが、これについては、結局解決はされないまま、結婚生活を続けていくことになります。

そんな結婚で、愛は成立するのかと思われるかもしれません。というのも、やはりたいていは「セックス」と「愛」と「結婚」が結びついているからです。

順番は、時代によって、あるいは人によってさまざま違いがあります。お見合い結婚がよくなされていたような古い時代だと、結婚が先にあって、それからセックス、その後に愛となるでしょうか。最近では、セックスが先にあり、その後で愛が生まれ、結婚へと至るか、時には愛が先立つかもしれません。

いずれにしても、男性と女性の間でこの三者を結びつけようとする傾向は強いものです。特に、近代になってその傾向が強まります。18世紀末のドイツの哲学者カントは、『人倫の形而上学』（熊野純彦訳／岩波書店）の中で、「結婚」について次のように規定しています。

『性的共同体（commercium sexuale）とは、ひとりの人間が他の人間の生殖器ならびに性的能力を相互に使用すること（usus membrorum et facultatum sexualium alterius）である。（中略）（結婚とは）すなわち異なる性の二人格が結びついて、生涯にわたってたがいの性的特性を相互に占有することになる結合である。』

言葉は難しいのですが、やさしく翻訳（?）すると、すごいことを語っていますね。つまり、「結婚とは、男の性器（「ちんぽ」）と女の性器（小説では命名されていません）とを独占的に相互に使用し合う契約」というわけです。この契約があるからこそ、結婚相手以外の人と、性器を相互に使用し合うときは「不倫」と呼ばれるわけですね。

◆性なんて処理するモノ

「セックス─愛─結婚」の三位一体図式が成立していると、「セックス」に特別な意味が付与されます。たとえば、先ほど述べたような、愛のあるセックス（結婚相手）は正しいけれど、愛のないセックス（結婚相手以外）は不純という形で。

しかし、この作品では、「愛」と「セックス」を結びつける古めかしい考えを、根本から断ち切っています。たとえば、主人公の女性は、インターネットで知り合った「おじさん」と会い、成り行きでセックスにおよんでいます。

夫のちんぽが入らない

『私はまったく好意のない「おじさん」と、まったく問題なく事を終えてしまった。』
『私は相手に対して恋愛感情を持たないし、向こうも私のことを都合よく扱っている。それでいいと思った。』

もちろん、こうした態度は結婚相手である男（夫）の方も同じです。夫は風俗店にせっせと通い、性病まで頂いてくる始末です。

同時に、セックスがなければ愛（結婚）は成り立たないという側面も、この本では否定しています。

『大学に入学したてのころ、私たちの関係を「兄妹みたい」と笑った女学生がいた。まともにちんぽが入らないのに十七年も離れずにいるなんて、恋人や夫婦を超越している。まるで血縁関係のようだ。私たちは長い時間をかけて精神的な結びつきだけを強くしていった。』

今まで、「セックス―愛―結婚」の三位一体図式が信じられ、幸福な恋愛観が繰り返し宣

【図17】

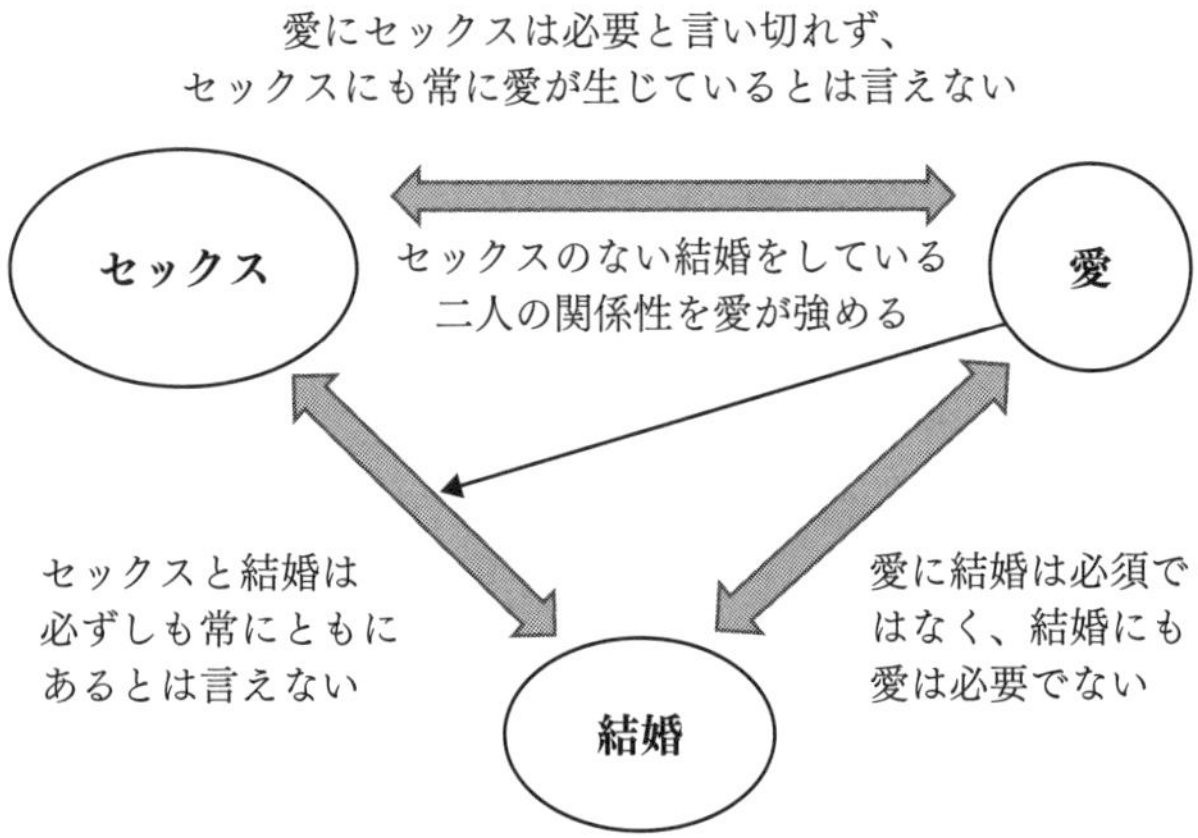
愛にセックスは必要と言い切れず、
セックスにも常に愛が生じているとは言えない
セックス
愛
セックスのない結婚をしている
二人の関係性を愛が強める
セックスと結婚は
必ずしも常にともに
あるとは言えない
愛に結婚は必須で
はなく、結婚にも
愛は必要でない
結婚

伝されてきたように見えます。ところが、実際には男性向けも女性向けも風俗店が繁盛し、見知らぬ人との出会いもオンライン上で手軽にできるようになっています。はたまた、「不倫」話はどこにでも転がっていますね。もはや、「セックス―愛―結婚」の三位一体なんて、神話にすぎないのかもしれません。

そのとき何が残るのでしょう。もし彼ら二人のようにセックスがなかったとしても関係が続くのだとしたら、それは愛以外の何ものでもない、そう言えるのではないでしょうか。

「愛」に関する考えを、そろそろ変える必要があるかもしれませんね。

最低。

【図18】

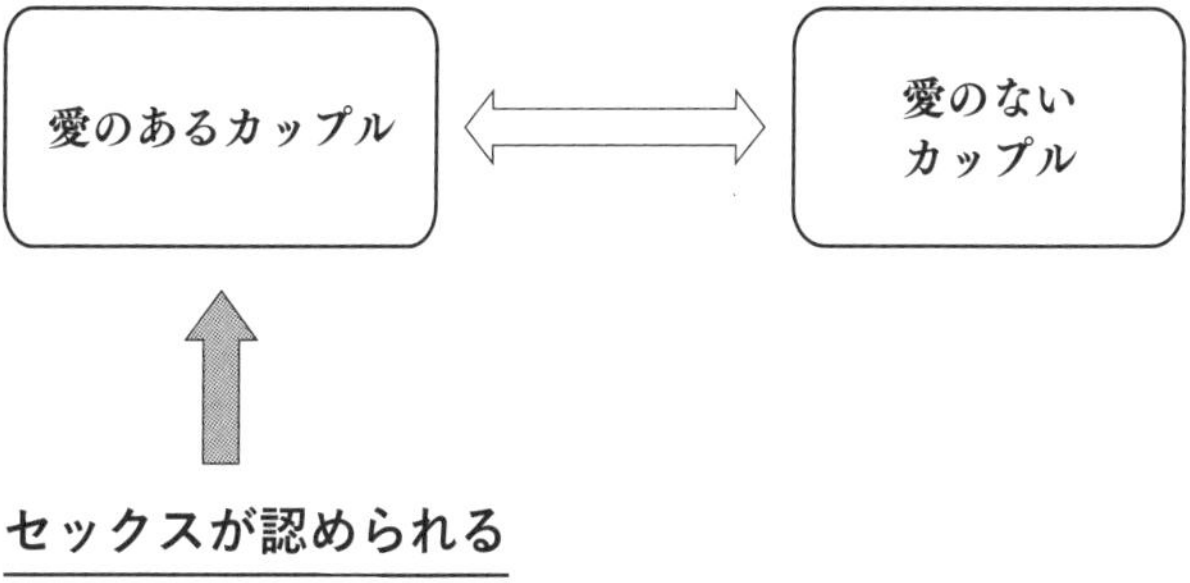
愛のあるカップル
愛のない
カップル
セックスが認められる

「AVのセックスには愛がない」を理解できるか？

「セックスのない愛」について論じました。その反対、「愛のないセックス」について、ここでは掘り下げます。先ほどの議論を少し復習しましょう。

ひと昔前、性に関する規律がまだ厳しかったころ、結婚していない若いカップルがセックスするときは、「愛のあるセックスは認められる」というような理屈がつけられていました。

ところが、今やこの一体化は明らかに崩壊しています。愛とセックスはなんら関係がありません。それぞれ別個のもので、恋愛しているからといってセックスが可能になるわけでもありませんし、セックスが行われているからといって、そこに愛があるとは言えないのです。

◆仕事としてのセックスには愛なんてない！

そうした、愛とセックスの乖離《かいり》をさらに理解するため、AV女優の紗倉まなが2016年に発表した小説『最低。』（KADOKAWA）を見てみましょう。1章で登場する「彩乃」という女性は、アダルトビデオに出演する女優として仕事をしています。

次のような会話から、その「仕事」の内容と「報酬」がだいたい分かりますね。


彩乃は静かに尋ねた。

「で、一回どれくらいなの？」

「一回って撮影のことか？」

「うん」

「……そやな」

（中略）

最低。

「契約の形にもよるけど、彩乃ちゃんだったらDVD一本で、数十万いけるんとちゃうか」
「それってどれくらいのことするの？」
「二人か三人とセックスして終わりよ。……なんや、どうせ金目的じゃァ、ないくせに」
彩乃はそっと肩をすくめた。

ここで描かれているのは、セックス・ワーカーとしての彩乃の「仕事」です。ですから、このセックスに「愛」があるとは、誰も言わないでしょう。しかも、仕事である限り、「愛」がなくてもセックスは行われます。

そして彩乃は、たまたま行ったバーで「日比野至」という男性と遭遇して、意気投合することになります。二人はしこたまお酒を飲み、意識が明朗でないまま彩乃の部屋で一夜をともにします。目が覚めた後、日比野と言葉を少しばかり交わした後のシーンで、次の言葉が続きます。

【図19】

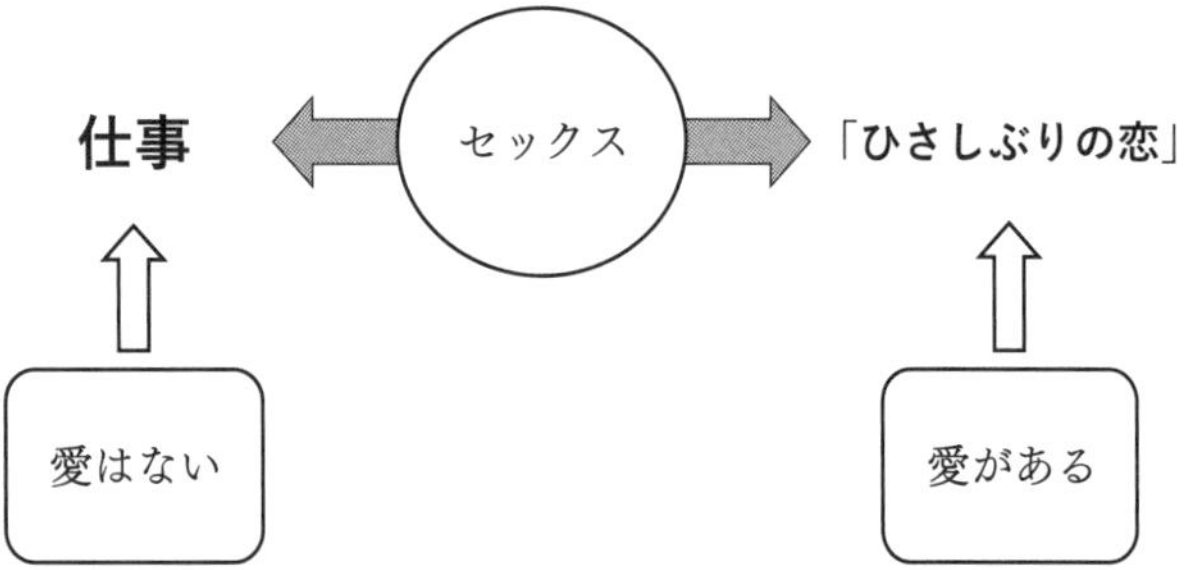

――『**ひさしぶりの恋だった。**』

ここで「恋」というのは、お仕事としての「セックス」とは別のものとして表現されています。「心のときめき」と表現してもいいかもしれません。

もちろん、この「ひさしぶりの恋」にも、セックスは介在しています。つまり、セックスをしたからといって、即座にそこに「愛」があるとは言えないのですね。だから「久しぶり」なわけです。

そのためここでは、**同じセックスでも、「恋」の場合と「仕事」としての場合があるということを、明確に区別しています。**

最低。

◆現代におけるセクシュアリティの崩壊

この小説では、セックスは仕事として、愛と結びつくことがありません。これは、「彩乃」だけの問題なのでしょうか。

仕事でなくても、愛のないセックスはどこでも行われています。あるいは、前述のようなセックスのない愛も、どこにでもあるでしょう。考えてみれば、愛とセックスはそれぞれ別個のものであり、必ずしも両方セットで考えなくてもいいのです。ただし近代社会では、愛とセックスを緊密に結びつけることが、大きな課題になっていました。そのため編み出したのが、「愛のあるセックス」という神話だったのです。もともとしっくりとは結びつかない二つを無理に結びつけようとしたのが、近代だったというわけですね。

ところが、こうした無理な操作は、現代のセクシュアリティによって崩壊しつつあります。

この章を見ると、ほとんどの作品で、その流れを確認できるのではないでしょうか。今後、セックスと愛はまったく別個なものとして、独立化していくのかもしれません。

「快楽・愛のためのセックス」を理解できるか？

ここからは、さまざまな素材を使って、「性愛」に関わる言葉を取り上げていきます。そのため、この章の最初に導入した「セクシュアリティ」の概念を、もう一度見ておきましょう。

もともと、19世紀になって「セクシュアリティ」が使われるようになったのは、女性にも（男性と同じように）「性的欲望があるのか」と問われたことにあります。これに対して、「女性はセクシュアリティをもつ主体」と理解されるようになりました。

今では、セクシュアリティは生物学的次元だけでなく、歴史的・社会的次元でも問われています。その点で、セクシュアリティは時代によっても、社会によっても、個人によっても変わってきます。ここでは、そうしたセクシュアリティの変化に注意してみてください。

情熱的な恋愛と肉体的な恋愛の違い

恋愛、もとい性愛について考えるならば、時代を少し遡って、正面から論じた本を見ておく必要があるでしょう。フランスの小説家、スタンダールによる『恋愛論』（大岡昇平訳／新潮社）です。スタンダールは、フランス革命が起こる少し前（1783年）に生まれ、1842年に亡くなっているので、この本は「近代的な恋愛論」を展開したものと言えます。

スタンダールがこの本を書いたのは、イタリア滞在中に夫と別居中だった「メチルド」に恋をしたためだったそうです。残念ながら、この恋はうまくいかず、彼は失意の中でその後の生涯を終えることになります。言ってみれば、『恋愛論』はうまくいかなかった恋愛をバネにして、恋愛とは何かを論じたものです。ですから、恋愛の手引きのつもりで読むと、失敗すること請け合いです。

ただし、ここまでで述べてきたとおり、「恋愛」と一口に言ってもいろいろな種類があるので、まずはここで簡単に区別しておきましょう。スタンダールによると、「恋愛」には次の4種類あるとされます。

①情熱恋愛：自分の情熱をすべて恋に捧げるような恋愛
②趣味恋愛：ドラマチックなイメージに基づくような恋愛
③肉体的恋愛：誰もが知っている肉体的快楽を求める恋愛
④虚栄恋愛：周りから賞賛されるような相手との恋愛

この四つの中で、スタンダールのイチオシは「情熱恋愛」です。ここで気になるのは、情熱恋愛と肉体的恋愛（今風には「セックス」）の違いです。彼は次のように語っています。

『肉体的快楽は自然の中にあるものだから誰でも知っている。しかし優しい情熱的な魂の眼には従属的な位置しか持っていない。』

注意しておきたいのは、肉体的な快楽が「従属的な位置」――つまり肉体的な快楽が目的ではないということ——だとしても、除外されているわけではないということです。スタンダールの求める「情熱的な恋愛」は、肉体的な快楽を含まないような、単なる精神的なものではありません。むしろ、肉体的な快楽が情熱的な恋愛に至るための一つのステップと見なされているのです。

そのために提示するのが、「恋愛の7つのステップ」です。スタンダールは、恋愛が次のようなコースを辿って進行すると見なしています。箇条書きにしておきましょう。

①感嘆
②「あの人に接吻《せっぷん》し、接吻されたらどんなにいいだろう」などと自問
③希望
④恋が生まれる
⑤第一の結晶作用
⑥疑惑が現れる
⑦第二の結晶作用

この「結晶作用」が、スタンダールの有名な考えです。それも含め全体を具体的に確認しておきましょう。

◆肉体的な快楽から精神的な情熱へ

スタンダールの情熱的恋愛がどんなものであれ、肉体的快楽はそれに先立っていると見なされています。たとえば、②の「接吻」の自問に続くものとして、③「希望」が置かれていますが、次のように説明されています。

『女が身を任すべきはまさにこのときであろう。肉体的快楽は最も大きい。どんな内気な女でも、希望の時期には眼が血走る。情熱は激しく、快楽は鋭いから、一目でそれとわかるしるしとなって現われる。』

この希望（相手への欲求）の後で初めて、「恋が生まれる」というのです。このとき、「恋」とは次のように説明されます。

『恋するとは、自分が愛し、愛してくれる人に、できるだけ近く寄って、見たり触れたりあらゆる感覚をもって、感じることに快楽を感じることである。』

この後で、⑤「第一の結晶作用」が始まるとされます。これはスタンダールの『恋愛論』では有名な概念ですが、具体的には何を意味するのでしょうか。

『私が結晶作用と呼ぶのは、我々の出会うあらゆることを機縁に、愛する対象が新しい美点を持っていることを発見する精神の作用である。』

ただし、スタンダールの「恋愛論」は、「第一の結晶作用」で終わるのではなく、その後には疑惑が現れることになっています。これは、相手が自分のことを愛していないのではないか、という疑いです。というのも、相手が「無関心、冷淡、怒り」の態度を見せることがあるからです。ここから、⑦「第二の結晶作用」が始まるとされます。

『彼はつぶやく。「しかし彼女は本当に私を愛しているだろうか」。こうした心を引裂く、しかし快い交互作用の中で、哀れな恋人ははっきりと感じる。「彼女が私に与える快楽は、彼女のほか誰も与えてくれはしない」

この真理の疑う余地のないこと、片手は完全な幸福に触れながらたどるこの恐ろしい絶壁の路、これこそ第二の結晶作用を第一の結晶作用よりはるかに重大なものとするゆえんである。』

ここから、「恋愛」をどう考えたらいいのか、スタンダールの考えを少しまとめてみましょう。

◆希望と疑惑のシーソーにより愛は深まっていく

スタンダールの「恋愛論」は、結晶作用が二つあることに特徴があります。普通(現代)の恋愛論だったら、二人が近づいて性的快楽(セックス)を獲得できれば、それで終わりのように見えるでしょう。そうだとすると、第一の結晶作用で十分なわけです。

しかし、すでに述べたように、恋愛とはコミュニケーションです。相手とコミュニケーションを取ることで、希望を見いだすことも、疑惑が生まれることもあります。その繰り

【図20】

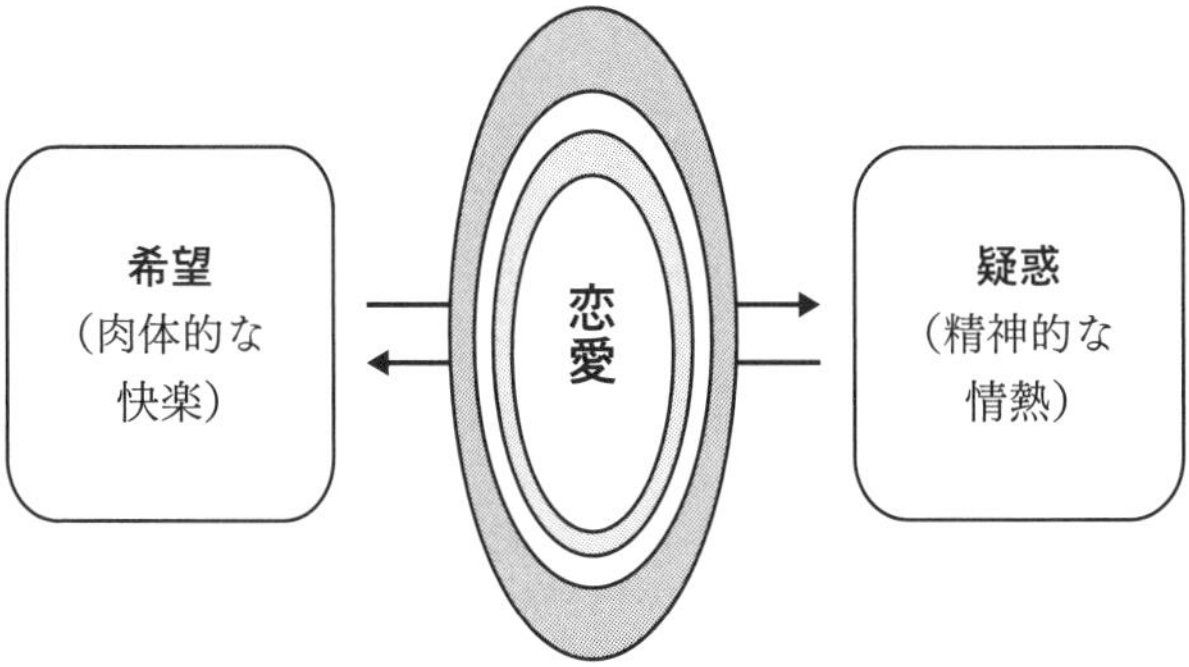

希望と疑惑が繰り返されることで
恋愛は大きく、深まっていく

返しによって、精神的にいっそう近づこうとするのです。

「あなたのことが好き」と言葉では言っていても、「本当は違うのではないか？」という疑いは、一度始めてしまえば消えてなくなることはありません。こうした疑いを否定して相手をいっそう愛することを、スタンダールは「第二の結晶作用」と呼ぶのですね。恋愛とは、肉体的な快楽だけでは成り立たないのです。

しかし、本当にこれで恋愛の問題が解決するのか、怪しいと思われるのではないでしょうか。

というのも、相手の自分への愛に対する疑

惑は、原理的に打ち消すことができないからです。性的接触だけでは恋愛にはならない。そして希望（第一の結晶作用）だけで疑惑なくしては恋愛が深まらない——。なんとも複雑で難度が高そうに思えますが、おそらく恋愛経験のある人であれば、身に覚えのあることでしょう。

恋愛は、シーソーのように希望と疑惑を繰り返さざるを得ないのです。

セックスによる「会話のいらないコミュニケーション」

現代における「セクシュアリティ」を考える糸口として、２０２１年に発表された漫画『いてもたってもいられないの』（ばったん／祥伝社）を見ておきましょう。というのも、作者によれば、この漫画は「女の性欲」をテーマにした作品だからです。たしかに、現代女性がもつ「セクシュアリティ」の微妙な揺れ（「いてもたってもいられなさ」）が、漫画を通して伝わってきます。

その中から、「ムギ」という名の「アラサー女子」の恋愛話を取り上げます（『それは、初めての』）。この女性はバーテンダーをしていて、客の男性とはたくさん話をしているので

いてもたってもいられないの

すが、それは表面的な差しさわりのない会話であり、自分の思いを相手に伝える「コミュニケーション」ができないのです。

その葛藤を示すように、漫画の中のセリフでは、表面上の会話と内心の思いが同時に描かれています。この悩み多き女性が、客として現れた男性に恋をするのです。そのとき、少女のようなときめきの言葉が語られています。

『32年間生きてきて初めてだった　指いっぽんも触れないで　恋　するなんて』

それなのに、ムギは自分の内心の思いを伝えることができず、この恋は成就しないのです。

こうした恋の「コミュニケーション」の難しさは、多くの人がよくご存じではないでしょうか。好きな相手の本心が分からず、すれ違ったり、対立したり、離れてしまう。これは、恋の相手だけでなく、人間関係全般にも言えそうです。

それに対して、言葉の不要なコミュニケーション——それが、セックスだというのです。というのも、ムギは、高校1年生のときに、隣の家に住む大学生と「初体験」をしま

【図21】

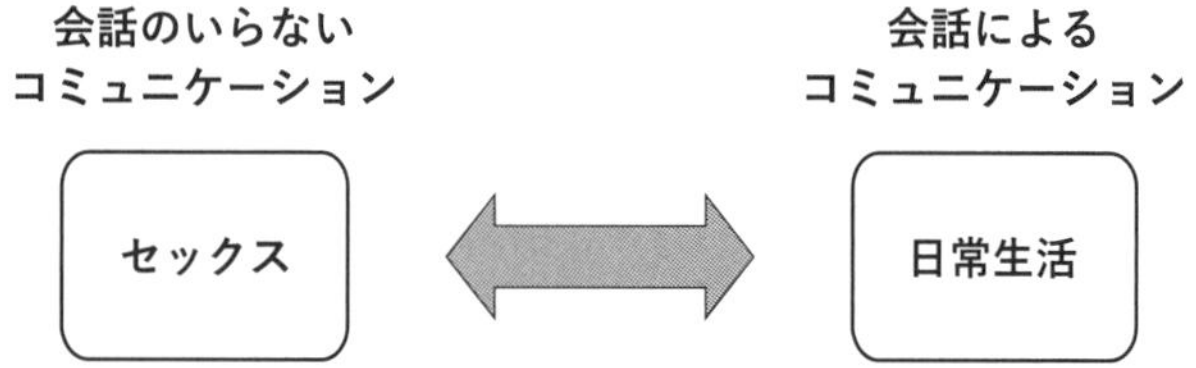

対立関係にあるが、
会話よりも肉体的接触の
ほうがより親密に感じる

す。それを振り返って、内心でこう語るのです。

『毎日一緒にお弁当を食べたり夜中に長電話する女友達より　ほとんど喋ったことのないこの男の人のほうが　ずっと親しい気持ちになった』

これは、「会話のいらないコミュニケーション」と呼ばれています。ムギにとって、セックスは「会話のいらないコミュニケーション」で、日常的な会話よりもずっと楽であり、より相手と親しいように感じたわけです。それはなぜでしょうか。

◆なぜ会話のいらないコミュニケーションで親密さが形成されるのか?

日常生活の中で、他人の考えや感情を知るには、言葉

いてもたってもいられないの

や行動によって推測することしかできません。だからこそ、会話によるコミュニケーションが厄介だったり面倒だったりすることは、誰でも経験したことがあるでしょう。

しかし、その人の内面が、外に表れた言葉と本当に一致しているかどうかも、他の人にはうかがい知ることはできません。そこで、自分が内心において思っていることをそのまま言葉にする人を、「誠実」と呼ぶことにしましょう。問題は、この誠実な行為が果たして可能なのか、ということです。

ドイツの社会学者ニクラス・ルーマンが、『社会システム理論』(佐藤勉訳/恒星社厚生閣)の中で、コミュニケーションについてこんな風に語っています。

『ひとたびコミュニケーションに巻き込まれると、純朴な人びとのパラダイスに再び立ち帰れない(中略)。このことは、誠実さ(Aufrichtigkeit)という(近代になってはじめて明確に自覚された)テーマにおいて典型的に見いだされる。誠実さはコミュニケーション不能である。なぜなら、誠実さは、コミュニケーションをとおして不誠実さと化すからである。』

いてもたってもいられないの

たとえば、自分の内心を包み隠さず、言葉によって相手に伝えたとしましょう。このとき、相手がそれをどう理解するかは分かりません。もしかしたら、私がウソをついている、と考えるかもしれません。あるいは、私の言葉を、誤って理解する（つまり誤解する）可能性もありますね。

しかも、このすれ違いは会話だけではありません。セックスにおける会話のないコミュニケーションがなされたとしても、同じことです。というのも、ここで述べている「親しい気持ちになった」とは、彼女個人の認識だからです。このとき相手の男性がどう思っているのか、同じように思っているのかどうか確認しているわけでもなく、作中の描写では彼のことを意識してさえいません。

つまり、ここでは独りよがりな「親密さ」なわけですが、ではなぜ彼女は、会話によるコミュニケーションよりも、会話のいらないコミュニケーションであるセックスをした相手とのほうが、より親密に感じたのでしょうか。

これは、大きく二つの要因によって引き起こされている感情です。

まず一つは、**「身体的なつながり」**をもったということ。建前も含まれる表面上のコミュ

【図22】

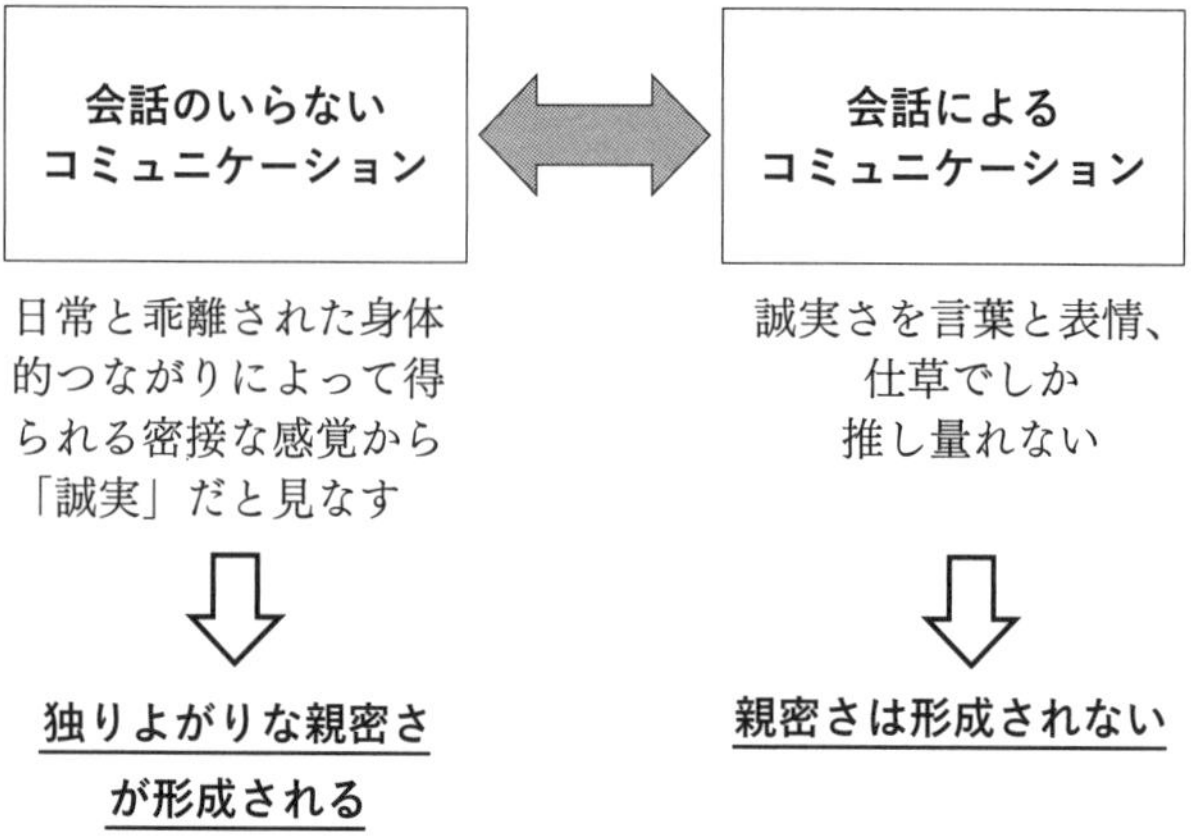

会話のいらないコミュニケーション
会話によるコミュニケーション
日常と乖離された身体的つながりによって得られる密接な感覚から「誠実」だと見なす
誠実さを言葉と表情、仕草でしか推し量れない
独りよがりな親密さが形成される
親密さは形成されない

ニケーションが普通である日常生活の中で、どういった関係性であれ肉体関係のある間柄というのは、特別なものだと見なされます。相手の素肌の手触りや温度を直接感じることは、普通に会話するだけの関係では得られない体験だからです。

そしてもう一つは、「**コミュニケーションの不確実性**」にあります。独りよがりな親密さは、ここからきていると言えます。相手が言葉にしたものがどれほど誠実なものかというのは、前述したとおり他人にはうかがい知れません。だからこそ「会話のいらないコミュニケーション（セックス）」であれば、言葉で相手の様子や感情をうかがうことからの乖離が可能なのです。ただ相手と自分の息づかいや表情だけで、「親密さ（同一性）」を推し量り、誠実だと見なすわけです。その瞬間は、一種の「愛」が生まれているでしょう。

だからこそ私たちは、**身体的なつながりに対して、独りよがりな親密さを誰もが感じる**のです（図22）。

これは、ある意味でコミュニケーションの宿命と言えるかもしれません。会話があろうとなかろうと、コミュニケーションはいつでも「ディスコミュニケーション」に晒《さら》されているわけです。

相手への理解が深まるだけ肉体的な快楽も強まるのか？

「会話のいらないコミュニケーションによって親密さが形成される」という点を、少し先ほどとは違う視点から見るために、連載開始当初から爆発的な人気となっている漫画『チェンソーマン』（藤本タツキ／集英社）を取り上げます。この作品は、物語の設定や登場人物がとてもユニークかつ複雑なので、作品の細かな説明は割愛し、ここでは愛の言葉に関わる場面だけ、見ることにします。
主人公は「デンジ」という少年ですが、彼は「デビルハンター」の仕事をしています。デンジは「パワー」という魔人（ここに恋愛感情はありません）との「取引」により、かねての「胸を揉みたい」という念願を叶えました。しかしそれは、彼が夢みていた感覚ではなく、『あれ…？　こんなモン……？』と言葉を失います。
そして場面は変わり、デンジが思いを寄せる上司「マキマ」という女性が、彼の様子を見かねて事情を聞いた後、デンジに体を寄せて次のように言うのです。

『デンジ君　エッチな事はね
相手の事を理解すればするほど気持ち良くなると私は思うんだ』

そして、マキマはデンジの手を取り、自分の胸をデンジに触らせるのです。デンジはほとんどノックアウト状態ですが、マキマは気にせず自身の本題を告げます。

『もしもデンジ君が銃の悪魔を殺せたら

デンジ君《くん》 エッチな事《こと》はね
相手《あいて》の事《こと》を理解《りかい》すればするほど気持《きも》ち良《よ》くなると私《わたし》は思《おも》うんだ
相手《あいて》の心《こころ》を理解《りかい》するのは難《むずか》しい事《こと》だから
最初《さいしょ》は手《て》をじっくり観察《かんさつ》してみて……
指《ゆび》の長《なが》さはどれくらい……？
手《て》のひらは冷《つめ》たい？温《あたた》かい？
耳《みみ》の形《かたち》は？

【図23】

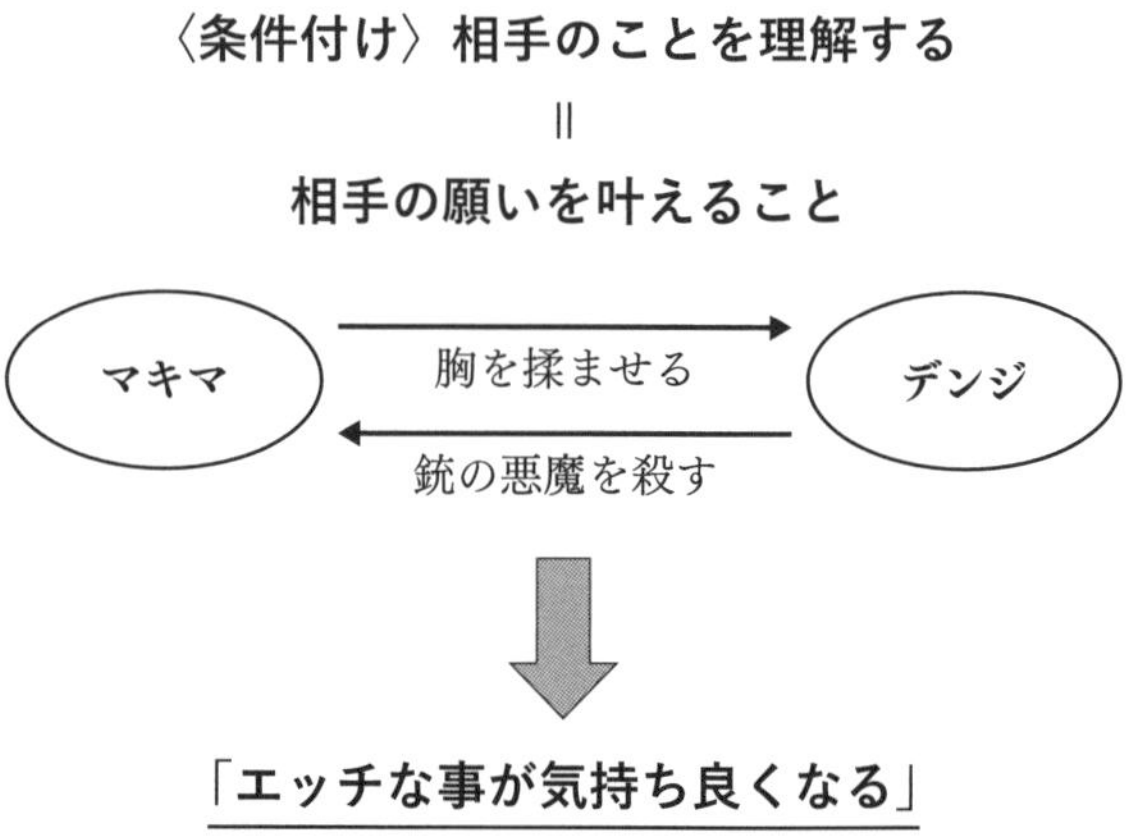
〈条件付け〉相手のことを理解する
＝
相手の願いを叶えること
マキマ
胸を揉ませる
デンジ
銃の悪魔を殺す
「エッチな事が気持ち良くなる」

私がキミの願い事なんでも一つ叶えてあげる』

こう言われて、快諾しない男などいないのではないでしょうか。

◆相手のことを理解するとはどういうことか？

ここでマキマが語っている「相手のことを理解する」というのは、具体的に何を意味しているのでしょうか。

後半の部分を見ると、それがよく分かります。「デンジが銃の悪魔を殺せたら」というのは、「マキマの願いをデンジが叶えたら」ということです。そうしたら、「デンジの願い事

（胸を揉む）をマキマが叶える」と言っています（図23）。

それぞれが、相手に対して願い事があり、その願い事を相手が叶えてくれたら、自分も相手の願い事を叶えてあげる、というのです。ここには、相手に対する欲求の相互性があります。

このように考えると、相手のことを理解するというのは、先ほどマキマが手取り足取り教えた**「肉体的な理解」だけでなく、「相手が自分に何をしてほしいかを理解する」こと**に他なりません。こうした「愛」の形を、「ギブ・アンド・テイクの愛」と呼んでおきましょう。

第2章で紹介したように、「愛」は一方では、相手に与えること（ギブ）として理解されてきました。今まで、相手のために何かをしてあげる（＝与える）ことが、「愛」だとされてきたのです。親子の愛であれ、宗教的な隣人愛であれ、ロミオとジュリエットの愛であれ、「相手に与えること」が「愛」だったのです。

ところが、『チェンソーマン』のこの場面では、「ギブ・アンド・テイク」としての愛を一面で示しています。自分が相手に何かを与えるのは、相手はそれに応じて自分に何かを与える（あるいは、自分が相手に与えたものにふさわしいものを相手から受け取る）からだと。一方的な愛は、あり得ないのです。

スタンダールの『恋愛論』の部分で、性的接触だけでは恋愛にはならず、そして希望だけで疑惑なくしては恋愛が深まらないと解説しました。つまり、ここで『チェンソーマン』の言葉を解釈してみると、性的接触だけでは相手を理解したことにならない。**希望も疑惑も合わせて相手を理解することで、より愛（ここでは快楽）が深まる**というわけです。

この「ギブ・アンド・テイク」は、現代の私たちが生活している社会（資本主義社会）の原則になっています。会社のために仕事をする（労働力を与える）ならば、それに応じた賃金を得ることができます。何か物をお店で買えば（テイク）、それの代金を払わなければなりません（ギブ）。つまり、この社会の原則が、「恋愛」においても貫かれているのです。

そして、こうした「ギブ・アンド・テイクの愛」は、『チェンソーマン』だけに垣間見えたわけではなく、実は現代人の愛がほとんどこの形をしているのではないか、と思えるのです。言いかえると、現代では、「無償の愛（ギブだけの愛）」なんて、あり得ないのではないか、と思われるのです。

資本主義で成り立たない結婚

ここで、セックスに資本主義的視点をさらに加えるために、この作品を取り上げましょう。アメリカのニューヨークがまだキラキラと輝いていたころ、30代の独身女性4人が繰り広げる恋と性と友情を描いた作品『セックス・アンド・ザ・シティ』です。ケーブルテレビ（HBO）で1998年に放送され始め、爆発的なヒットとなりました。

仕事をもった女性が生き生きと活動し、男性と同じように酒を飲んだりセックスを楽しんだりする姿が、毎回登場します。

その中で彼女たちは、おおらかに「性」について語り合っています。友人の女性が4人集まって「恋バナ（やセックス話）」に興じる姿は、たくましさを感じます。ところが、4人のうち1人（シャーロット）は、特に結婚や恋愛に幻想を抱いています。

何が言いたいかというと、性的（セックス）に解放され結婚は墓場だと思う女性（サマンサ）がいたり、キャリアを築き上げた有能で仕事に生きる女性（ミランダ）がいたりする一方で、結婚や恋愛に強く執着する女性もいるということです。もう1人のキャリーは、仕事で成功し地位を築き上げ、恋愛には達観しているようでいて実は「ビッグ」な男性を夢見がちに求め続けるという、この中では中立な存在でしょうか。

こうしたそれぞれのキャラクターの対照性が、このドラマが多くの女性に受け入れられた理由かもしれません。

では、こうした対立の中で、タイトルにもなっている「セックス」は、どう理解されているのでしょうか。

◆セックスはモノ化される！

それを理解するため、まずはテレビドラマではなく、2008年の映画『セックス・アンド・ザ・シティ』（ギャガ配給）を見てみましょう。その中で、印象的な会話が交わされています。

『さっさと済ませましょう』（著者訳）
Let's get it over with

弁護士のミランダが、夫であるスティーブとのセックスのさなかで言った言葉です。夫のスティーブは体位を変えて、もっと楽しみたいと考えていたのですが、ミランダにあっさり「早くしてよ！」と言われてしまうのです。

ここで分かるのは、彼女にとってセックスがいわば「やっつけ仕事」のようになっているということです。あるいは、「ルーティーン」とか、「義務作業」と言ったほうがいいかもしれません。つまり、ミランダにとって、セックスはただのモノとモノの触れ合いであって、情熱や恋愛感情とはほど遠いもの。言ってしまえば、セックスはことごとく「モノ化」されてしまうのです。ただしモノといっても、彼女が何より大切にしている仕事よりも優先順位が低いモノです。

別の点から言えば、商品としての「モノ」は、購入されるためには購買者の欲望をかき立てる、魅力的なものであると思わせなくてはなりません。そのため購入者としては、その品質を確かめる必要がありますね。

たとえば、あなたが車を買うときを考えてみてください。車のスタイルなどの外観に魅かれたら、内装や性能などをチェックします。それで気に入ったら、おそらくこう言うのではないでしょうか。

「この車一度試乗させてください！」と。

実際、外見や数字だけでは、その車のよさは分かりません。そのため、一度乗ってみて、自分の五感によって確かめる必要があるのです。これは、車に限らず、モノ（商品）を買うときの鉄則と言えます。

実はこの物語でも、セックスについて、まったく同じレトリックが使われています。

――『**車は買う前に試乗するでしょ**』（Season3 Episode12／著者訳）
――**Before you buy the car you take it for a test driver**

これは、結婚式を控えたシャーロットに対して、友人が放った言葉です。もちろん、意味は分かりますよね。「結婚する前に、ちゃんとセックス（体の相性）は試したのか？」ということです。

ところが、純愛主義者のシャーロットはまだ試していませんでした。そこで慌てて結婚式の前日、相手の家に押しかけてセックスしようとしたのですが、そのときは夫がどうしても勃起せず、実現しませんでした。なんとも皮肉な結果になったものです。

車だったら、この時点で購入を差し控えますね。シャーロットも、そうしたのでしょうか？

◆モノ化できない「恋愛」と「結婚」

ところが、『セックス・アンド・ザ・シティ』では、セックスは限りなくモノとして取り扱われるにもかかわらず、恋愛や結婚の方は、モノ化されないのです。

たとえば、「早く済ませよう」と言ったミランダは、夫のスティーブが浮気（セックス）をしたことを知り、深く悲しみ激怒し、悩むことになります。モノであれば、夫が他の女性とセックスしたところで、何も困ることはないはずです（モノであれば使われたとしても、減るものではないだろうし……）。

また、結婚前日に試乗しようとしたら、夫が使いものにならないと分かったシャーロッ

【図24】

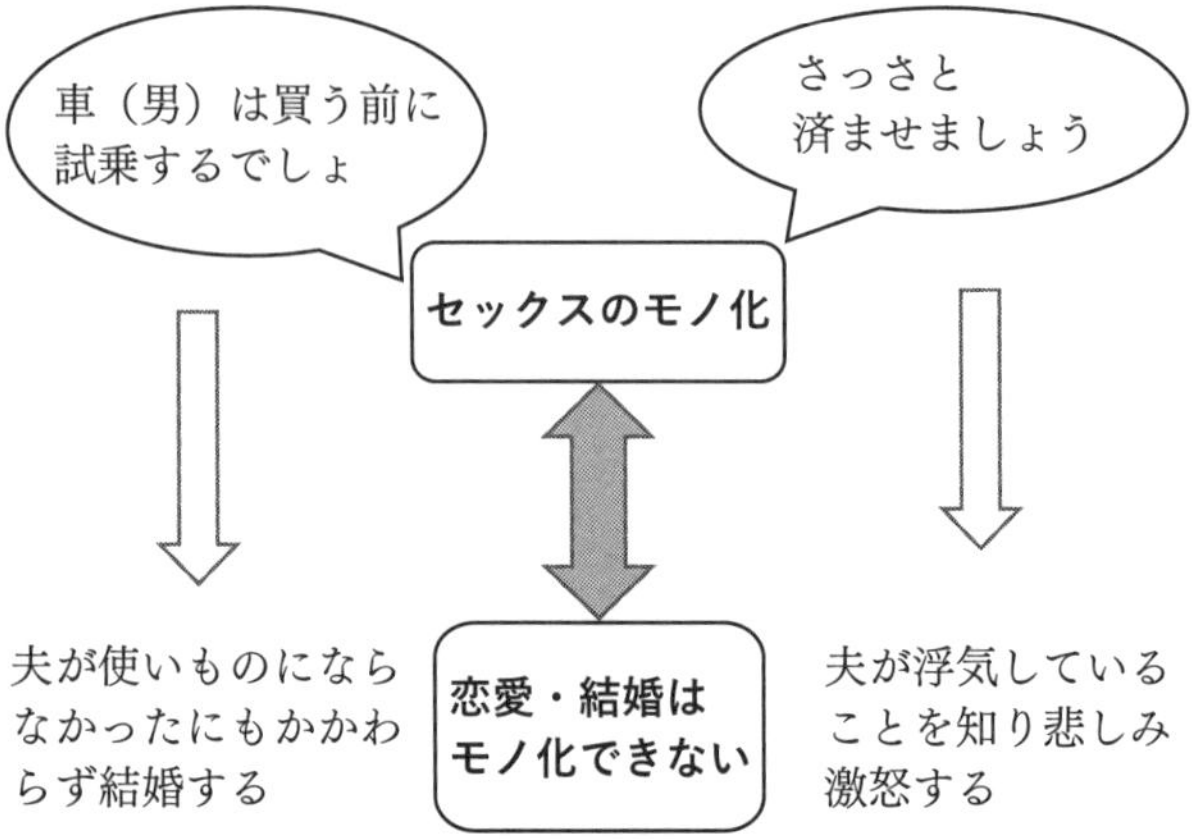

車（男）は買う前に試乗するでしょ
さっさと済ませましょう
セックスのモノ化
恋愛・結婚はモノ化できない
夫が使いものにならなかったにもかかわらず結婚する
夫が浮気していることを知り悲しみ激怒する

トの場合はどうでしょうか。モノだったら、こんな欠陥商品はいらない、と結婚を取りやめる選択をしたでしょう。それなのに彼女は、結婚前日の出来事にもかかわらず、結婚したのです。

この二人に限らず、この作品では恋愛や結婚に対して、ある意味での憧れをもって描かれています。セックスについては結構冷めた目で扱っているのに対して、なぜか恋愛や結婚には真剣なのです（図24）。

現代の若者の観点から考えると、このギャップはとても不思議に思えるでしょう。そもそも、恋愛や結婚にこだわる必要があるのか、その理由が分からないのです。セックスをモノのように取り扱ってよいとすれば、恋愛や結婚だってモノのように取り扱っていいはずです。そこで、次のような会話を考えてみましょう。

「恋愛なんて、さっさと済ませましょうよ！」

「結婚は、一度やってみないとどんなものか分からないよ。マズかったら、別れたらいいんだから。くよくよ考えることないよ！」

なるほど、こうなると、恋愛することも結婚することもなくなるかもしれませんね。

「マイノリティの愛」を理解できるか?

セックスと結婚が話題に出たところで、ここでは性的マイノリティの人たちの愛について考えてみます。

かつて性や愛については、一つのイメージが支配し、それに合わない人たちを「マイノリティ」として排除してきました。しかし、LGBTQに見られるように、今日では「愛」の形も多様化するようになりました。その一つの形として、2022年にテレビドラマとして放送されたのが『恋せぬふたり』(NHK総合)です。

これは、いわゆる「アロマアセク」の人たちをめぐるドラマですが、少しだけ説明しておきます。正式には、「アロマンティック・アセクシュアル(aromantic asexual)」と言い、接頭語の「ア」は欠如を示す否定語なのですが、その「a-」を使って、恋愛感情も性的興味もない人(特に前者をアロマンティック、後者をアセクシュアルと言います)を指して言われるのです。詳しく知りたい方はぜひ調べてみてください。

恋愛にもセックスにも興味のない人たちの「愛」

ドラマの登場人物を確認しておくと、「兒玉咲子《さくこ》」という女性と「高橋羽」という男性が中心になっています。二人は、ともに「アロマアセク」なのですが、偶然知り合うようになってから、高橋の家で同居を始めるようになりました。この関係性を、二人の間では「家族（仮）」と呼んでいます。

しかし同居を始めたことで、二人は周りから恋愛関係や性的関係を疑われます。家族を含めたほとんどの人に、彼らの属性や「家族（仮）」の関係を理解してもらえないのです。たとえば、咲子の同僚（元恋人）で二人の後を追ってきた「松岡一（愛称カズくん）」と、次のような会話が繰り広げられます。少し長いですが、二人の関係性と他者から見た関係性が分かりますので、引用しておきます。

「一緒に買い物して、服買って飯食って仲良く帰って、なんか家の前でイチャイチャして完全カップルじゃんかよ！」

「イチャイチャしてないけど。え、カズくん。私たちの後つけてたの？」

カズくんは私の声が聞こえていないかのように声を荒らげ続けた。

「仕事が楽しいとか自分には恋愛がよく分からないとか言って別れたけど、ちゃっかり男と付き合って同棲してんじゃんかよ！」

「だから付き合うとかそういうのじゃなくて」

「付き合ってないなら何？　愛人？　セフレ？」

「セフレ？」

なぜ、そんな単語が飛び出すのか。さっぱり理解できなかった。

「違うのか？　じゃあなんだよ！」

「家族カッコ仮です」

カズくんのことを冷ややかに観察し続けていた高橋さんがやっと口を開いた。

（中略）

「私たち、恋愛とか抜きで家族になろうとしてて」

「いやいや全然意味分かんねぇ」

感情的に話すカズくんに構わず、高橋さんは淡々と接している。

「あなた、愛のないセックスは理解できても、セックスのない愛は理解できないんですか」

これを読むと、カズくんの気持ちも分かるのではないでしょうか。咲子と高橋の二人は、同じ屋根の下で生活し、買い物にも一緒に出かけているのです。世間的に見ると、仲の良い同棲中のカップルのように映るでしょう。ところが、二人には恋愛感情もなければ、性的欲望もない、というのです。

この関係、いったいどう理解したらいいのか、カズくんでなくとも詰問したくなるのではないでしょうか。

そんなカズくん（私たち）の疑問に真摯に向き合って、咲子は次のように自分の「好き」について言語化しています。

——**『私もカズくんが好き、千鶴も好き。でも彼らの好きは私のものとは違う。私にはキ**

スもセックスもピンと来ない。必要性を感じない。嫉妬も独占欲もない。同じ好きなのに全く違う。』

「同じ好き」なのに、「他の人の好きと違う」。

この言葉に、すべてが表れているのではないでしょうか。前述の〝男女の友情は成立するか〟の『恋愛より友情のほうが、なんか扱いが軽い』という部分にも共通していますが、恋愛だから、セックスがあるから価値が高く、そうではないものは劣っている、価値が低いというわけではありません。彼らの「好き」は、その他の人の「好き」と同じ強さ、深さの感情なのです。

なぜ私たちは自分の価値観をものさしにして、誰か他の人の感情や行動を測るのでしょう。セックスや恋愛感情がないから、嫉妬も独占欲も発生しないから、その人に「愛」は生じていないとなぜ決めつけられるのでしょうか。

◆家族に性愛は必要か？

このように愛の形は多様化していますが、二人はどうして「家族（仮）」として共同生活をするようになったのでしょうか。それについて、咲子が次のように語っています。

『恋愛感情を抱かない人がいるように、一人が好きでそれが幸せな人もいる。私のように誰かといたい人もいる。パートナーが同性だったり、異性だったりする。考えれば当たり前のことなのに、世間では珍しいものとして扱われがちだ。』

世間の目から逃れつつも、誰かと一緒にいたい。こうした関係を、高橋は「味方」とか「家族（仮）」と名づけていますが、「【帰る場所になる】的な感じ」とも呼ばれています。セックスも恋愛感情ももっていない彼らの「愛」を、最大限に表現している言葉でしょう。

前述しましたが、今までの家族は、恋愛感情に基づき、性的な関係によって結ばれ、結婚によって形成される、と見なされてきました。ですから、性も愛も必要のない人には、家族なんて不要だろうと見なされるのです。

この考えからすると、「アロマアセク」の人は、単身生活者になるしかないように見えます。もちろん、これも一つのあり方ですが、もう一つの道もありそうです。それは、家族

【図25】

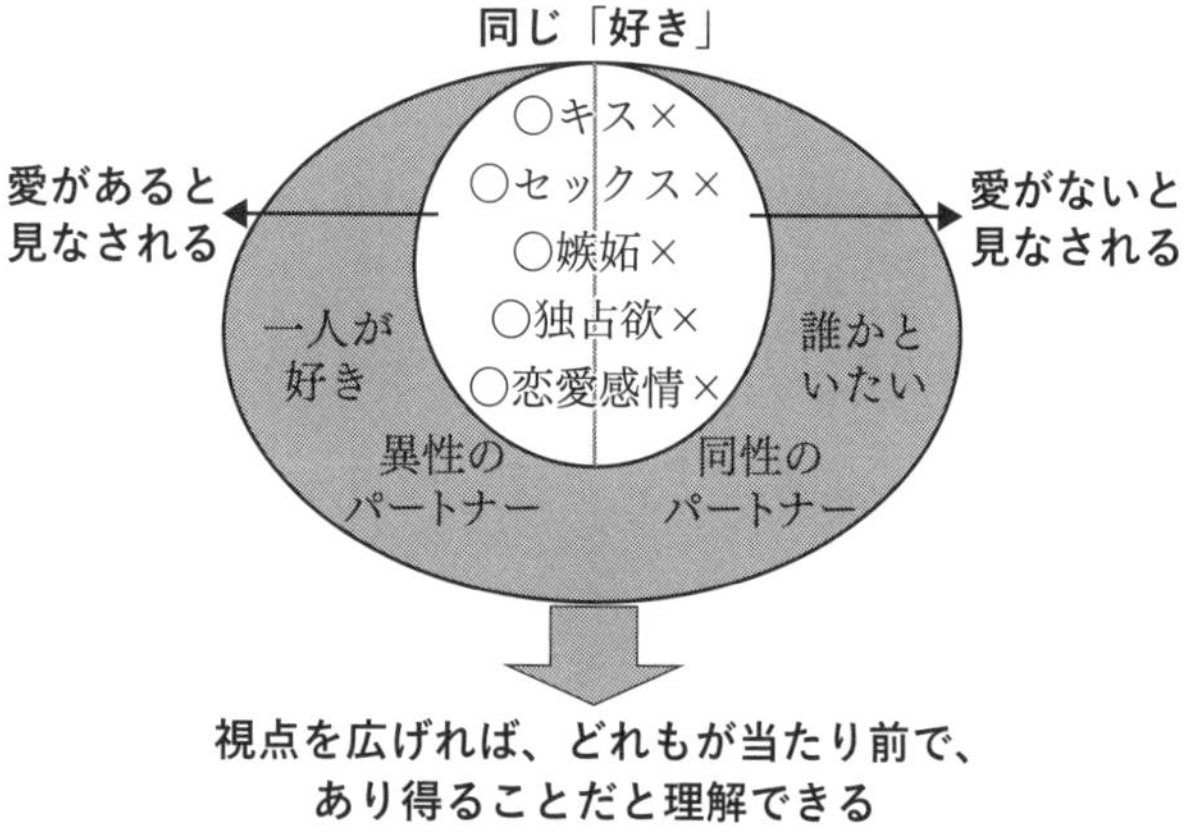
同じ「好き」
○キス×
○セックス×
○嫉妬×
○独占欲×
○恋愛感情×
愛があると
見なされる
愛がないと
見なされる
一人が
好き
誰かと
いたい
異性の
パートナー
同性の
パートナー
視点を広げれば、どれもが当たり前で、
あり得ることだと理解できる

の概念を変えてしまうことでしょう。男女が共同生活をするからといって、二人の間に性的関係や恋愛感情が必要というわけではありません。あるいは、同性の者たちで、共同生活することは、珍しいことではないでしょう。

ならば、先ほどの咲子のセリフのように、「一人が好きな人」と「誰かといたい人」は、「アロマアセク」の人だけに限らずすべての属性の人に存在します。それはなんら不思議なことではありません。こう考えると、彼らマイノリティにとっての家族や愛の形についても、自然と理解できるのではないでしょうか（図25）。

「単独」世帯と「夫婦と子」世帯の割合

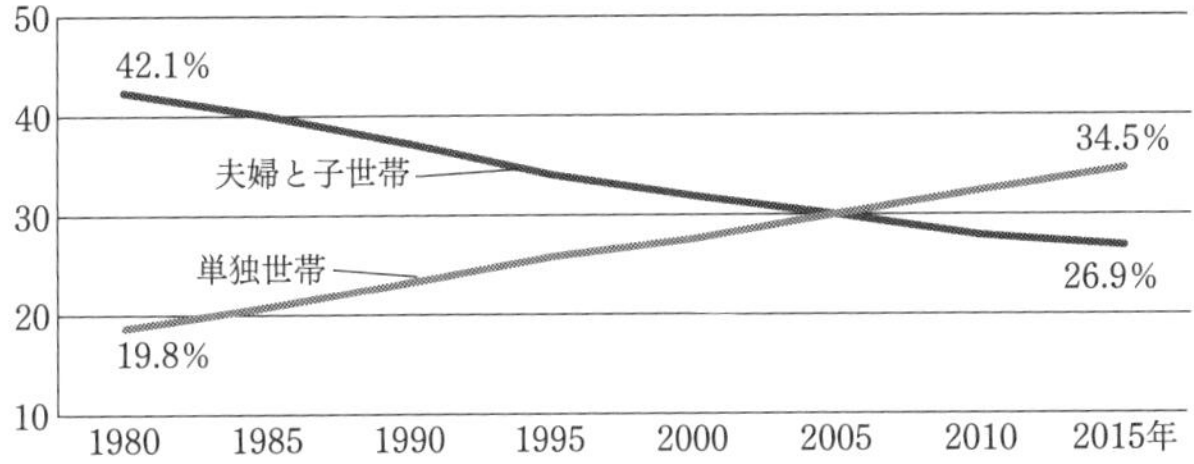

出典：「家族消滅時代に突入！私たちの家族はどこに向かう？」日経クロスウーマン／2020年

◆家族形態の変化は歴史的な必然

今まで、家族を考えるとき、両性が結びついて結婚をし、子どもをつくるというのが基本になっていました。前述した「セックス―愛―結婚」の三位一体から家族が形成されてきたわけです。この家族はその後、子どもをもうけて、いわゆる「核家族」となります。

ところが現在、核家族が減少して、単身世帯が増加しつつあるのです。上のグラフを見てください。これは、2015年の国勢調査から作成されたものですが、「夫婦と子」世帯（核家族）が減少する一方で、「単独」世帯が増加しているのが分かりますね。

もちろん、核家族の減少傾向が、そのまま「アロマアセク」の増加を意味するわけではありませんが、従来の核家族の形態が減少しつつあることは間違いありません。やがて、結婚するという「性的共同体」のあり方自体が、少数派に転落するかもしれませんね。

◆「家族（仮）」は解放か創造か？

もう一つ注意しておきたいのは、「アロマアセク」を解放として理解したほうがいいのか、それとも創造と見なしたほうがいいのか、ということです。

「なんにも決めつけなくてよくないですか？　家族も、私たちも、全部カッコ仮で」

目を真っ赤にした高橋さんは、小さな声で「カッコ仮」と繰り返した。

「言葉にすると、それに縛られちゃうんですよ。周りが決めた普通に縛られたくない私たちでさえも。考え方や大事なものだってどんどん変わっていくんだから、その時のベストを考えればいいし、その時もし二人のベストが全く逆方向で、色々話し合って、それでも無理なら」

「無理なら？」

「無理に家族でいる必要もないんです」

こうした発言の基本にあるのは、考え方にしろ生き方にしろ、周りの人たちが決めた「普通」には縛られたくない、という生き方です。自分たちがどう考え判断するかは、そのときになってみなければ分からないし、あらかじめ決める必要がない、というわけです。これはとても自由な発想ですが、この生き方ができる人はそれほど多くないかもしれません。

このように考える人は、おそらく先ほど述べたような新しい家族形態（単身世帯や「家族(仮)」）を創造しようなんて思ってはいないでしょう。その時々の自分の考え、感じ方に従って生きていくのですから、決められた生き方に対する否定的な方向はあっても、積極的に生き方・家族のあり方を創造しているという意識はないはずです。

ただ、彼らにとって他人からや自分からでさえ、「家族」という縛りのもとに生きていたくない、ということでしょう。

その点では、近代的な家族のあり方の崩壊過程と表現したほうがいいかもしれませんね。

第4章 「推し×愛」を理解できるか？

❖推しが武道館いってくれたら死ぬ
❖【推しの子】
❖ガチ恋粘着獣
❖ハッピーシュガーライフ
❖未来日記
❖デュラララ!!

サブカルチャーにおける「萌え」と「推し」からの社会現象

この章では、サブカルチャーから広がった愛の形を見ることにします。ちなみに、サブカルチャーというのは辞書的に言えば、社会全体の文化（メインカルチャー）に対して、一部の集団の中で形成される「下位」あるいは「副次的」な文化を指しています。ただし、最初は「サブ」だったものが、拡大して「メイン」に移ったものもあります。まさに日本が誇る「オタク文化」が、その代表的なものの一つでしょう。ここで取り上げる「推し」も、今やオタクから一般の人までが使う言葉となりました。

さて、「推し」にターゲットを絞る前に、もう少しサブカルチャーについて話しておきましょう。今さらでもありませんが、日本でこの言葉が使われるとき、たいていは漫画やアニメ、コンピュータゲームのキャラクターやアイドルなどが想定されています。

こうしたサブカルチャーでは、その内部の人だけで理解できるような「ジャーゴン」がしばしば使われます。日本では、「ジャーゴン」と言えば、研究者などが使う専門用語（たいていカタカナの言葉）と見なされています。しかし、これには限定されませんね。もともと、「ジャーゴン」は仲間うちだけに通じる特殊用語ですから、それぞれの集団で「ジャーゴン」が好んで使われるのです。

日本のサブカルチャーの中で、1980年代に生まれたジャーゴンが、「オタク」という言葉です。漫画やアニメ、ゲームなどを趣味とする人たちが秋葉原に集まって、互いに相手を呼び合う言葉として使われていました。そこから、次第にその人たち自身を指すようになり、一般にも認知されるようになったのです。昔の「オタク」は、リュックを背負った小太りのメガネ男性というイメージでしたが、今はそんな限定もなくなりましたね。

「オタク」については語るべきことも多いのですが、この本のテーマである「愛」だけに話を絞っておきます。

かつて、「オタク」がアイドルなどに対して使っていた言葉を覚えていますか？　そう、「萌え」です！　自分が熱中するアイドルや漫画・アニメ・ゲームのキャラクターなどに対して、「萌え」の感情を抱くのが「オタク」の愛の形でした。

この「萌え」のピークは2005年とされています（『推しエコノミー』中山淳雄／日経BP）。これは、AKB48が秋葉原で活動を開始した年です。多くの若者が、メンバーの誰それに夢中で「萌えー」と叫んでいましたね。しかし、最近はその言葉も、ほとんど見かけなくなりました。

言葉それぞれの正確な意味合いは異なりますが、「萌え」と交代するように現れたのが、「推し」という言葉です。アイドルグループ、特にやはりＡＫＢ48から、「推しメン」という言葉が使われるようになりました。グループの総選挙は社会現象化していたので、ここから、一般にも「推し」が語られるようになったのではないでしょうか。

この転換――一般に広く「推し」という言葉が使われだしたこと――によって、何が変わったのでしょうか。それを理解するため、「推し」をめぐる言葉に焦点を当ててみましょう。

「好き」と「推し」の違いを理解できるか？

目的は「接触」か「応援」か？

いろいろ言う前に、まずは『推しが武道館いってくれたら死ぬ』（平尾アウリ／徳間書店）を見てみましょう。この漫画では、ある地方都市で活動する名も知れぬ女性地下アイドルグループと、そこに集うファン（オタク）たちの活動が描かれています。

地下アイドルに対する「推し」がテーマとなっていますが、タイトルからも分かるように、このグループが武道館でコンサートできることを夢みるわけです。そのために、ファンは全身全霊応援するのですね。

では、この「推し」と少し前の「萌え」とでは、どう違うのでしょうか。そのいい例が、この作品で語られています。

『お金を出してこその接触』

これは、アイドルのファンたちが、握手券を買うときに語られています。しかし、握手券などは「萌え」のときにもありましたよね。好きなアイドルと握手するため、CDを何百枚と買う「萌え」の人たちが話題にのぼっていました。

では、「萌え」と「推し」は、いったいどこに違いがあるのでしょうか。

たとえば、握手券のためにCDを100枚買った人が、何かのアクシデントで握手できなかったとしましょう。「萌え」の場合は、絶対に容認できません。というのも、そのアイドルに**「接触すること」が目的**だからです。握手をして「萌え」るわけです。

ところが、「推し」の場合には、ちょっと違います。というのも、自分が握手できなかったとしても、握手券を買った時点で「推し」の（推す）目的は果たされているからです。

さて、どういう意味でしょう。

たしかに、握手できなければそれは彼らにとっても無念なことなのは違いありません。

推しが武道館いってくれたら死ぬ

『推しが武道館いってくれたら死ぬ』平尾アウリ／徳間書店

しかし、アイドルを**応援することが「推し」の目的**なのですから、お金を使った時点（自分はあなたを推しているという示唆はもちろん、ここではアイドルグループ活動の「支援」が中心となっています）で目的はすでに達成されています。ですから、握手券を買っておきながら、それに参加できなくても、「推し」の場合にはさして問題がないのです。

改めて考えてみると、「萌え」という言葉には、恋愛感情、あるいは性愛感情が控えています。肉体の中で芽生えるムラムラとした欲望（あるいは欲情）が基本ではないでしょうか。そのため、「萌え」の対象に性的願望を抱くことは少なくありませんでした。

それに対して、「推し」の場合には、性的願望が見事に消し去られています。「推し」は応援することがメインで、あくまでそのためにこそ、骨身を削ってまで奉仕するわけです。

この二つの要素（性的欲望の消去、純粋な応援・奉仕）が結びついたのが、漫画の中で登場する「えり」という主人公のオタクです。この人物は女性なのですが、女性地下アイドルグループのメンバー市井舞菜を「推し」ています。舞菜は、そのグループの中でファンが一番少ないメンバーです。そのため、「えり」は自分の収入を全てつぎ込んで、舞菜を応援するわけです。

前章でも述べたとおり、同性だからといって、二人の間で性愛的感情がないとは言えません。しかし、アイドル舞菜に対する「えり」の思いは、性愛的雰囲気をもっていません。その手のガールズラブは「百合」と呼ばれますが、「えり」には百合の要素は見受けられないのです。

もともと、「推し」には「萌え」のような性愛的要素が希薄です。そのため、この漫画では、「オタク（えり）」と「推し（舞菜）」をあえて同性にしたのかもしれませんね。これは言ってみれば、家族的な関係に近いものです。姉が妹を応援する、母親が娘を応援する、といった感じでしょうか。

性的感情が消えるという点では、この『お金を出してこその接触』と言った、もう一人のアイドルオタクに注目すると分かりやすいかもしれません。30代半ばの太り気味でメガネをかけた男「くまさ」です。この風貌、まさに私たちがイメージする典型的なオタク像そのものという感じです。

彼は「推し」活動をするため、時間的融通のきくフリーターとして生活しています。彼はいわゆる「古参オタク」で、えりと同じグループのアイドル（五十嵐れお）を長く応援しています。しかし、時間とお金をかけているにもかかわらず、彼に結婚願望があるわけではありません。「武道館で応援できること」だけを夢みているのです。ピュアな感情というか、ともかく「推し」は自分よりも相手のために活動するのです。

◆「萌え」と「推し」の関係性の違い

ここで分かるのは、「萌え」と「推し」では、アイドルとの関係性が根本的に違うことです。それが分かるように、二つを図26で示します。

まず「萌え」の場合は、「アイドル」と「オタク」は**1対1**の関係（オタク視点）が基本です。この閉じられた関係の中で、オタクによって幻想されるのが「萌え」と言えます。

それに対して「推し」の場合は、一人のアイドル（もしくは1グループ）に多くのファンができるよう応援するので、一人に対して多数のファンという開かれた関係（**1対n**）となります。「推し」のアイドルに多くのファンができることが、「推し」活動における一つの目的なのです。自分も含めた多くのファンによって、一人のアイドルを支えよう！――これが「推し」のポイントです（「同担拒否」――推している人が被るのを拒否すること――とい

【図26】

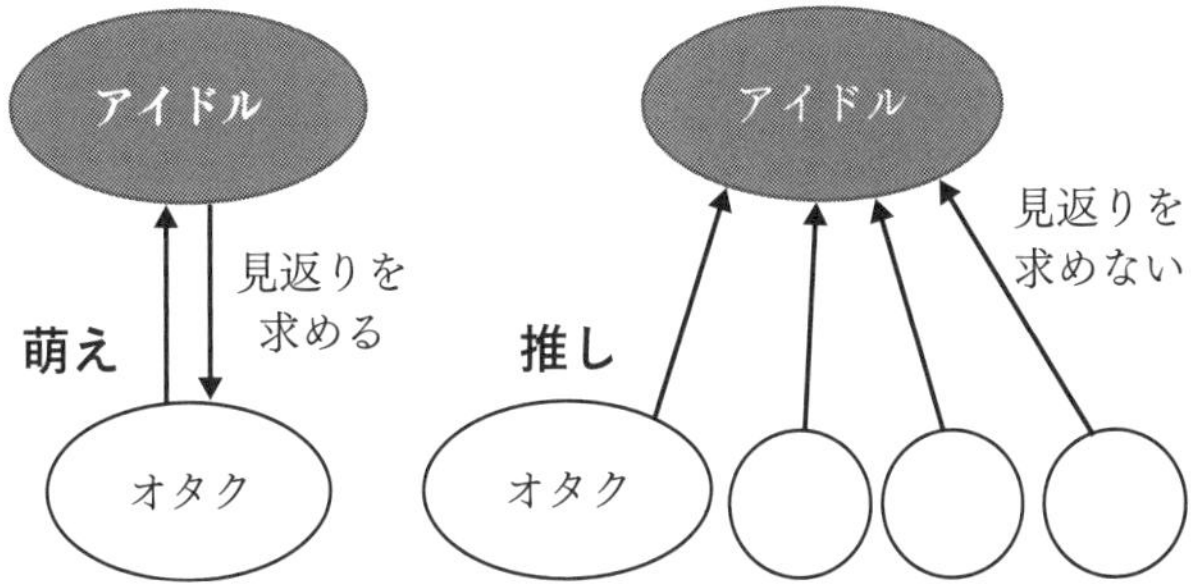

う言葉・感情・人もありますが、それについては後述します）。

では、こうした「推し」について、ＡＩは理解できるのでしょうか。他の章の愛とは少し異なる種類のものなので、ここでは図示だけでなく、ＡＩ（Microsoft Copilot）に尋ねてみましょう。こんな答えが返ってきました。

「推し」とは、深い愛着をもっており他の方にもおすすめしたいと思う人物や物を指す表現です。特定の人物やキャラクターを好きであることや、ファンであることを表現した言葉です。以前は「○○を推す」という動詞の形で使用されていましたが、現在ではその動詞が名詞化し、上述の説明に合わせて使われています。

「推し」は「推しのメンバー」の略語で、自分が好きなものやコストや熱量を注げる対象を指す言葉です。ＡＫＢ48が台頭した際に一般的に広まった表現で、現在ではアイドルだけではなくあらゆる人やモノに対して「同種の中で一番好き」という意味で使われています。

「推し」には「好き」だという感情が含まれますが、手の届かない距離感があり、不釣り合いな相手に対して見えない線引きが存在しています。恋愛は自分だけが相手と親しくなりたいと望むのに対し、推しは他者にもすすめたいという気持ちが含まれている点が異なります。……

まだ続くのですが、いかがでしょうか。重要な点には、ほとんど触れていると思いませんか。それもそのはずで、ＡＩの知識は、現在流通しているインターネットの空間から収集されているからです。インターネット空間で流通していない情報はＡＩも知りようもありませんが、小集団のサブカルチャーの情報であっても、ほとんどが流通しています。

もし、まだインターネット空間に流通していないような情報であれば、普通の人間も同じく知ることができません。言いかえれば、私たちが一般に知ることができる情報は、たいていインターネット空間に流通しているものなので、その情報に基づくＡＩは知ることができます。

しかし、先ほどのＡＩの答えには当てはまらないような言葉はどうでしょうか。『推しが武道館にいってくれたら死ぬ』には、たとえば、推しのアイドルとの結婚願望をもっているファンがいます。これは一般的な「推し」のタイプとは違い、「萌え」タイプに近いのかもしれません。漫画の中で「リア恋（「リアルに恋している」の略）勢」と呼ばれており、最近では一般にも普通に使われています。

このタイプの「推し」についても、すでにインターネット空間ではよく知られています。そこで、後述の『「ガチ恋」を理解できるか？』の項で、「推し」の別のタイプとして改めて取り上げることにします。

◆見返りを求めない無償の愛と隠れた同盟関係

ファンであるオタクたちは、自分たちの「推し」に対して何を求めるのでしょうか。前述したとおり、「萌え」のような1対1の関係であれば、なんらかの見返り（「幻想的な性愛的満足」とでも言っておきましょう）を求めるでしょう。それに対して、「推し」の場合は、自分たちの一方的な応援ですから、相手から「見返り」を期待してはいないはずです。何を求めるかという問いに対して挙げるのであれば、推しが「武道館にいく（ファンが増えて有名になる）」こと、そして「お金を出す（推しの利益追求）」ことなのでしょう。これは一般には、「無償の愛」と呼ばれるものに近いです。

恋愛関係でも、理想的なものとして無償の愛が称賛されることはあります。ですが、1対1の恋愛関係では厳しいかもしれません。たとえば、「片思い」のままでも、「相手に愛情をもち続けますか？」と問われたとき、どれだけの人が「イエス」と答えるでしょうか。

というわけで、見返りを求めない無償の愛は、現実的にはせいぜい親子関係程度しか成り立たないのかもしれません。ただし現代に目を移すと、この親子関係にしても、少し変わってきているように感じます。つまり、「推し」に対する典型的な態度で保持されているのは、親子でさえ失われつつある「見返りを求めない愛」なのです（図26）。

主人公の「えり」は、「推し」のアイドル舞菜について、こんな風に語っています。

――『だってほら　舞菜は生きてることがわたしへのファンサだから』

推しが武道館いってくれたら死ぬ

『推しが武道館いってくれたら死ぬ』平尾アウリ／徳間書店

ここでの「ファンサ」とはファンサービスの略で、コンサートなどでのレスポンスや握手会での対応など、一般的には支払ったお金に対する対価（サービス）として呼ばれます。しかし、えりは『生きてくれてさえいればいい』とも言い、この一般的なファンサをもらえなくても、推しと「同じ時代に生まれたこと」自体に感謝するのです。

こうした言い方は、たとえば出来の悪い子どもに対して、「いろいろは求めない、生きていてくれればいい」とか、「子どもとして生まれてきたことに感謝」とかいうセリフと似ていますね。いちオタクとしてはいささか過激に思えますが。

もともと、「えり」の推しである舞菜は、グループの中でも人気のないメンバーです。こうしたメンバーが「推し」になる人は、おそらく二つのタイプに分かれるでしょう。一つは、大穴狙いというか、最も人気のない子を応援して、トップにさせるという志によるものです。その子の魅力に気づいたオタクが、大化けするのを狙うわけです。

そうした大志をもたないオタクもいるでしょう。そこでもう一つのタイプとして、「人気がなくても、私が支える」という気持ちをもつファンがいますね。このときは、グループのトップを目指すという希望はさほどもっていません。多くの人に認めてもらわなくても、そのアイドルのよさは私が理解している、という思い込みに支えられています。

えりは、このタイプに当てはまるのではないでしょうか。だからこそ彼女は、「生きていてくれるだけでいい」＝「生きている限り自分は推し続けられる」＝「生きていることがオタクにとっての最高のファンサ」なのだと言っているのです。

このような「推し」への愛を、ＡＩはどう理解するのでしょうか。Copilotによれば、「主人公のえりは、舞菜という人気最下位メンバーの熱狂的なファンで、舞菜オタクとして活動しています。しかし、えりの熱狂的な活動が逆に周囲の人々を引かせてしまい、舞菜にファンが定着しないという状況が続いています。……」

これを読んだとき、ＡＩには「えり」の行動が理解できていないとは、誰も言いませんね。

「推し」の主従関係

ここまで読むと、「推し」と呼ばれる愛の形が、ある程度分かってきたように思えます。「推し」の愛は、見返りを求めない一方的な援助であって、「奉仕の愛」と呼ぶこともできます。そうなると、封建的な主従関係や、「主人と奴隷」の関係を思い出すのではないでしょうか。

そこで、この言葉を使った漫画を取り上げることにしましょう。2020年に発表され絶大な人気となっている『【推しの子】』（赤坂アカ原作、横槍メンゴ作画／集英社）です。作中で、「推し」の気持ちをストレートに表現したセリフがあります。

『君はどうしようもないほどアイドルで
僕はどうしようもないほど君の奴隷《ファン》だ』

「君の奴隷」――そのままでは意味をなさない表現です。歴史的な使い方としては、奴隷には主人が対応していて、しばしば「主人と奴隷」という対で使われます。古代ギリシア

© 赤坂アカ×横槍メンゴ／集英社

からごく最近まで、人間によって支配・抑圧され、物のように取り扱われた人たちですね。売り買いできますが、もちろんここでは、そうした奴隷が想定されているわけではありません。だったら、どうして「奴隷」なんて言われるのでしょうか。

やや回り道に見えそうですが、「主人と奴隷」の関係について哲学的に議論したものを確認しておきましょう。１８０７年に発表された『精神の現象学』（『ヘーゲル全集5』より／G.W.F.ヘーゲル著、金子武蔵訳／岩波書店）という本です。著者であるヘーゲルは、人間の特徴を示すために「自己意識」という概念を使うのですが、これがどうして「奴隷」の話とつながるのでしょうか。

「自己意識」というのは、簡単にいえば、他人に対して「自分を映しだす鏡」と見なし、「他人を介して自分を知ること」です。というのも、自分が何であるかは、他人によってしか理解できないからです。

たとえば、私が優秀な人間であれば、自分で自慢しなくても他人がそのように取り扱ってくれます（「彼はすごい！」「天才だ！」というように）。逆に、他人がそのように取り扱ってくれなければ、どんなに自惚れても、私には能力がないわけです。

図27のように図解してみると、二人の人間が登場しますが、そのどちらも「自己意識」と考えることができます。それぞれが他方の態度を見て、自分のあり方を認識するわけです。ここから、どんなことが生じるのでしょうか。ヘーゲルの議論を簡単に解説します。

人間は「自己意識」という態度を取るようになると、対象（＝相手）において自分自身を知るようになります。人間は、自分自身が自由で独立していると考えるので、それを対象（＝相手）において確証しようとするわけです。こうして、二人の人間（＝自己意識）がそれぞれ、自由で独立していることを主張し、相手からもそれを認めてもらおうとする。これが、「承認を求める闘争」と呼ばれるものです。

これは、人間が自由で独立したものであるためには、他者（＝相手）からの承認が必要で

【図27】

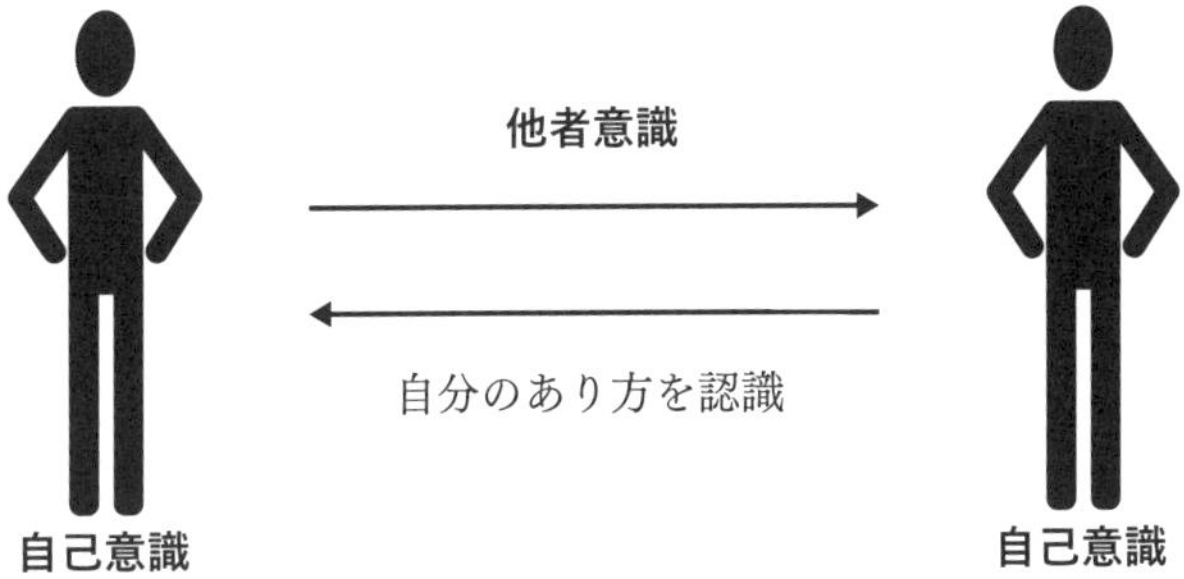

あることを示しています。**相手がそれを認めてくれるからこそ、自分が自由でいられる**のです。ただし、相手にしても同じように考えるので、それぞれが相手からの承認を求めます。そのとき、どうなるのでしょうか。

◆どこにでもある「主人と奴隷」

二人が最後まで自分の主張を貫き、生命を賭して闘ったとしましょう。そうしたら、二人のうちどちらか、あるいは両方が死ぬことになります。つまり、どちらかが譲歩しなければ、悲劇的な結果になるわけです。そこで、いずれかが譲歩した場合、どんな結果になるのでしょうか。

ヘーゲルによれば、「生命」に執着せず、「死への恐怖」をのり越えた人は、自由で独立した存在と見なされます。それに対して、途中で譲歩して「生命」を選んだ人

【図28】

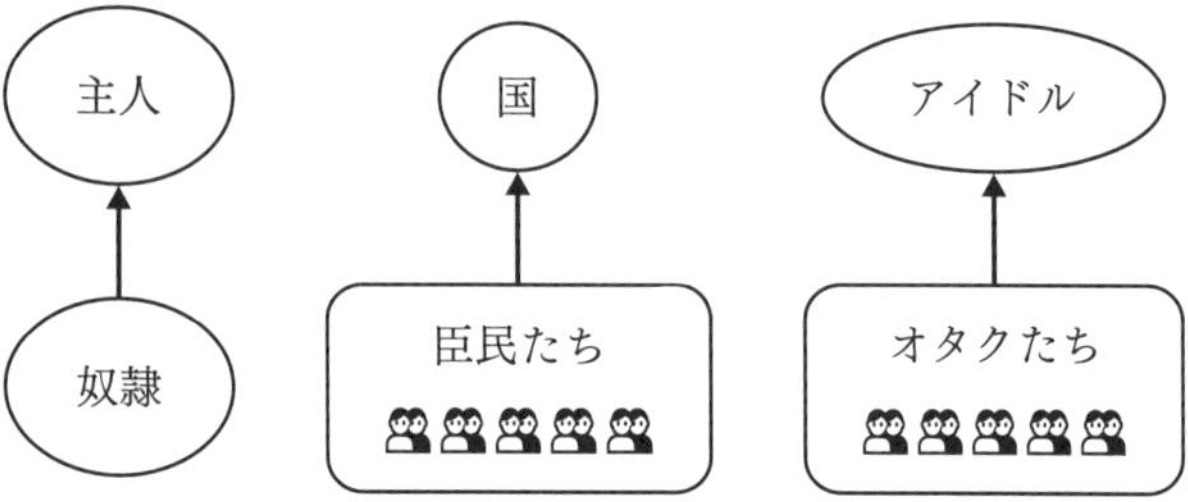

一方的な承認により、互いが自己を自覚する

は、「生命に隷属」しているのだから、自由で独立した存在とは見なされません。こうして成立するのが、「主人と奴隷」の関係というのです。

ここまで少し長く話してきたのは、「主人と奴隷」の関係を理解するためです。

というのも、「推し」のアイドルに対して、ファンであるオタクは自分をある意味で奴隷と見なすからです。その場合、主人と奴隷はどんな関係になっているのでしょうか。もう少しだけ、ヘーゲルの説明を見ておきましょう。ただし、ここから先は、「主人」や「奴隷」などの言葉について、意味を説明するため補足しておきます。

主人（アイドル）は奴隷（ファン）によってあるがままを承認され、支配される奴隷の態度のうちに、自分自身が自由（＝女王様）であることを確信します。奴隷は、主人の意向を実行するわけです。逆に、奴隷の方は、**主人に服従する――つまり、推しのあるがままを容認**（**先の例を使うのであれば、譲歩**）**して愛する――ことによって、自分が奴隷**（**しもべ**）**であることを自覚**しています（図28）。

この奴隷と主人の関係は、極端に見えるかもしれませんが、他人との関係を見直してみれば、いたるところで成り立っているのが分かります。「主人（一方的に承認される人）―奴隷（一方的に承認する人）」の関係は、特別なわけではありません。

家庭でも、職場でも地域でも、いたるところで上下関係（カースト）ができ上がり、一方が「支配する人＝主人」、他方が「服従する人＝奴隷」になるわけです。しかも、でき上がった「主人と奴隷」の関係は、簡単には解消されません。

このように理解できるとすれば、恋愛関係そのものが、「どちらが主人で、どちらが奴隷となるか」の闘争と見ることもできるでしょう。

若い人に、「相手から愛される（承認される・主導権を握る）ことと、相手を愛する（承認する・主導権を委ねる）ことの、どちらがいいですか？」と質問すると、「相手から愛されたたい」という答えのほうが圧倒的に多いです。その理由は、「私が恋愛関係の主人になれる（主導権を握れる）から」というものです。この極限の形が、「アイドル」かもしれませんね。

圧倒的存在への価値対価と奉仕への喜び

さて、「好き」と「推し」の違いについて整理したところで、「推し」のアイドルに対してファンがもつ複雑な感情を、果たしてAIは理解できるのでしょうか。それを考えるために、ファンの発する言葉を見ておきましょう。

――『ママかわいすぎ――！　視聴者全員　億　支払うべき!!』

『【推しの子】』では、ファン二人が推しアイドルの子どもに転生したという設定になっています。なので、彼らの「推し」は、「ママ」となるわけです。

これを想定して読めば、このセリフの意味も分かりますね。ファンにとって「推し」のアイドルは、最高の価値をもつものですから、『視聴者全員　億　支払うべき!!』という言

Nステ
もう始まってる
じゃん!!
どうして
起こして
くれなかったの!?
ジタ
ジタ
きゃ――っ
やば――!!
ママ
かわいすぎ――!
視聴者全員
億支払うべき!!

葉が出てくるのです。もちろん、ここでの「億」は、文字どおりの言葉ではありません。おそらく、ファンのほとんどは（あるいは誰も）「億」なんてお金は持っていないはずです。厳密には、**自分の全財産を投げ出すほど、そのアイドルには（億ほどの）価値がある、と言いたい**のですね。まさに、アイドルへの奴隷として（奉仕）の気持ちを代弁しているわけです。

そのため、このファン（子ども）はその後に、『おむつ替えたばっかなのに失禁しそう!!』と言うのですが、この言葉にも、「推し」のアイドルに対する感情が表れています。失禁は「ガマンできずに思わずもらしてしまう」ことです。しかし、なぜこうなるのでしょうか。

失禁する一つの要因は、感じられる快感が大きいときに起こります。もう一つは、相手が圧倒的に大きな力をもつときに起こります。たとえば、恐ろしいものに出会うと、自分では制御できなくて「チビってしまう」ように。

そう考えると、「失禁」もまた奴隷としての反応と理解して相違ありません。**推しのアイドルは、ファンにとって「神」のような絶対的かつ圧倒的な対象**で、全身全霊自分自身を捧げることが喜びです。ファンは、アイドルの虜（奴隷）になっているわけです。

【図29】

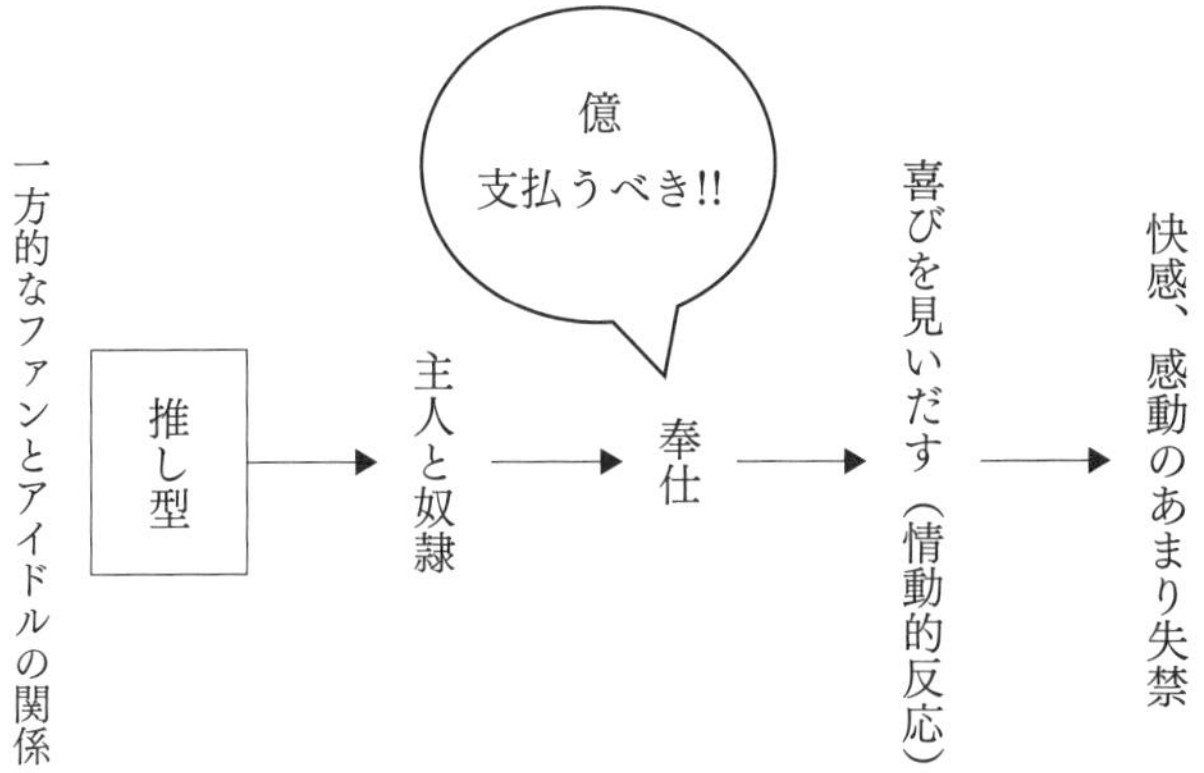
一方的なファンとアイドルの関係
推し型
主人と奴隷
奉仕
億
支払うべき!!
喜びを見いだす（情動的反応）
快感、感動のあまり失禁

ファンであるオタクが失禁するとすれば、恐怖のためというよりも、むしろ喜び（興奮）のためですが、いずれも**「情動」的反応**です。漫画の場面設定が「ファン＝幼児」ということもあって、「おむつ」や「失禁」と言われていますが、根本にあるのは、「推しのアイドル」に対する強い情動的反応なのです（図29）。

「ガチ恋」を理解できるか？

「推し」といえば、一般には今まで見てきたようなタイプ、つまり見返りを求めず、一方的に支援するものだと思われていますが、それだけではありません。むしろ、「推し」のアイドルと真剣に付き合いたい、と熱望するファンもいます。複雑になってきましたね。

◆「推し」との結婚を夢みるガチ恋オタク

たとえば、本章冒頭で紹介した『推しが武道館にいってくれたら死ぬ』でも、一人のファンは『僕は現世で空音《そらね》ちゃん（推しのアイドル）を幸せにしたいですけど』『ぼくが養うから空音ちゃんにはうちでおいしいごはん作って待っていてもらいたいんです！』と語るシーンがあります。

これを聞いて、周りのオタク仲間が彼を「リア恋勢」と呼んでいます。普通ならば、応援・奉仕しているだけなのが「推し」なのですが、このファンは現実世界で（リアルに）推しのアイドルに恋愛感情を抱き、結婚したいと夢みているのです。こうしたファンに対して、「ガチ恋（「ガチで恋してる」の略）」とか「リア恋」や「リアコ」などという言葉が使われています。

しかし、こうなると「推し」の活動も、矛盾をはらむことになります。

見返りを求めない普通のタイプでは、自分が応援することによって「推し」アイドルの人気が高まれば、本望に違いありません。それに対して、「ガチ恋」のタイプでは、「推し」のアイドルの人気が高くなれば、ファンにとってライバルが増えることになります。これは望ましいことではないでしょう。多くのファンが同じアイドルを応援するとき、ファン同士が敵対心をもち、いがみ合う「同担拒否」という言葉さえあります。

考えてみれば、ファンと「推し」が結ばれることなど、叶わぬ恋のように見えます。しかし、ファン心理としては、結構真剣な場合もあるようです。時には、推しのアイドルへの独占欲が高じて、尋常ではない執着心も生み出されます。

そこで、「推し」の愛のもう一つの典型として、『ガチ恋粘着獣』（星来／コアミックス）を見ておきましょう。この漫画では、人気動画配信グループの男性メンバーに対して、真剣に恋愛する女性ファンの感情と行動が描かれています。しかも、「粘着獣」という表現が使われているように、「推し」の男性にドロドロ・ねばねばした感情をもち続けるのです。

「誰よりも自分があの人を愛している」という心理による憎しみ

少し具体的に見ておきましょう。物語は、コズミックという3人構成の動画配信グループのうちの1人（スバル）に対して、女子大生のヒナが熱烈なファンになり、その「推しメン」に対し「ガチ恋」をすることから始まります。

普通は、動画配信グループとファンの間で個人的に連絡を取り合うことは、あまりありません。ところが、ヒナの「推しメン」であるスバルは、自分のファンに裏垢（裏アカウント）を使って連絡を取り、性的な関係を要求していたのです。彼はヒナにも同様に連絡をして、体の関係を迫ってきたのですが、そのときヒナはスバルの要求に応じることができませんでした。それでも、スバルへの「ガチ恋」はもち続けていました。話が展開するのは、この後です。

ヒナがスバルと会った日に、「えりコスメch《チャンネル》」を配信している人気美容系動画配信者「えりこす」という女性が、スバルとのコラボ動画を公開していたのです。これをヒナが知ったことによって、思わぬ事態が引き起こされることになります。というのも、コラボ動画では、「えりこす」とスバルの仲のよさが演出されていたからです。それを見たヒナは、嫉妬心から「えりこす」に憎しみを募らせ、次のような言葉を発しています。

『なんで本気のヒナがこんな泣いてるのに…スバルくんを承認の道具にしてる女が付き合うとかいう話になってんの…？』

——

ここで、「本気のヒナが泣いている」のは、スバルから体の要求があったのに、応えられなかったからです。ヒナには、それに対する自己嫌悪とともに、後悔や悲しみが生まれているわけです。

そこで、ヒナの推しメン（スバル）といかにも仲がよさそうに振る舞っている「えりこす」を見たとたん、憎しみが沸き起こったのです。というのも、「えりこす」がスバルを「承認の道具」にしている——つまりここでは、フォロワーの多いスバル（「有名な男」）と遊んだ自分はすごいと、周囲に言いたいだけ――と感じたからです。

◆承認のゲームから逸脱した感情

「承認」という言葉で説明しましたが、もう一度確認しておきましょう。分かりやすくするため、二人の人物をAとBとします。AがBを愛するとき、AはBを承認する、あるいはBはAから承認される、と言えます。「承認」というのは、その人の価値や素晴らしさ、魅力などを認めることです。

前述したとおり、アイドルというのは、こうして承認してくれる人がたくさんいるので、多くの人から愛される人になります。承認してくれる人が多ければ多いほど、その人の価値が上がるわけです。それに対して、承認する人は、自分に価値を見いだすことはなく、むしろ相手に価値を見いだしています。

この場合の承認のゲームは、そのほとんどが一方的です。Aが承認するほうで、Bが承認されるほうになり、相互に承認し合うことは稀《まれ》なことです。ここでは、特に「えりこす」がフォロワーの多いスバルとの仲を発信することによって、不特定多数の第三者からの承

【図30】

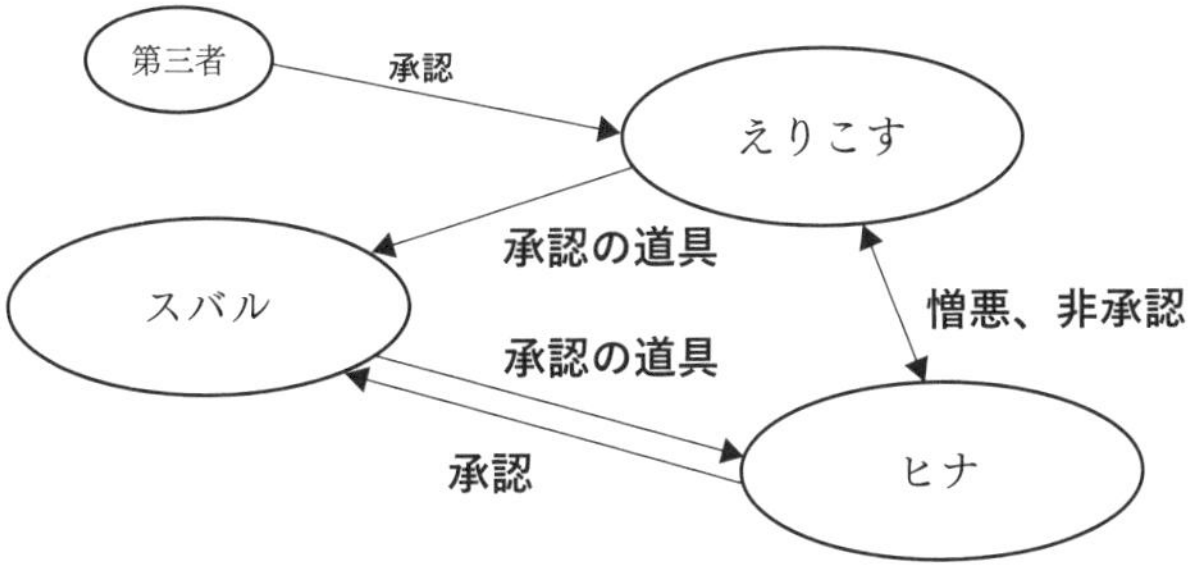

認の道具にしていることになります（図30）。

だからこそ、「本気で好き」な自分ではなく、承認の道具にしようとしている女が彼と付き合うという話になっていることが、許せなかったのですね。

つまり、「ガチ恋」とは、本来あるべき「推し」と「ファン」の**承認する・される関係から逸脱したもの**といえるでしょう。

「可愛さあまって憎さが100倍」を理解できるか?

先ほど述べた「ガチ恋」に関連して、ここでは「可愛さあまって憎さが100倍」にまつわる愛を紹介します。

歌舞伎の白縫譚《しらぬいものがたり》の中で、「こりゃもう、可愛さあまって憎さが百倍、邪魔立てすりゃあ生けては置かぬぞ」というセリフがあります。現在でも時々使う言葉ですが、「可愛い」と「憎さ」は真逆の感情ですよね。それなのに、どうしてこんなことが起こるのでしょうか。

それを理解するため、まずは『ハッピーシュガーライフ』(鍵空とみやき/スクウェア・エニックス)の次の言葉を取り上げてみましょう。

◆愛した見返りを求める歪んだ愛

あらかじめ、背景を少しだけ説明しておきます。この物語は、女子高生の「松坂さとう」

が、幼い少女の「神戸しお」と共同生活することで、本当の「愛」を知る話とされていますが、今はその点には触れないでおきます。

主人公の「さとう」は同じアルバイト先の同僚であるイケメン青年「三星太陽」から愛を告白され、「付き合ってほしい」と言われます。それに対し、「さとう」はこれを断ります。それを店長が知ったことから、事件が起こってしまうのです。

というのは、それ以後「三星太陽」が、バイト先の店に来なくなったのです。その理由は店長が三星を暗い部屋に連れ込み、監禁し性的に虐待していたからです。また、店長は、三星が告白した「さとう」にも憎しみを抱いていました。そうした経緯の中、店長と「さとう」が激しく口論する場面で、店長が次のように語ります。

『私はみんなを愛してあげていた　みんなも私を愛す義務がある　なのに三星くんはあなたを好きだと言ったのよ
そんなの許されない…だから私の愛を教え込んであげたのよ!!』

この言葉には、「可愛さあまって憎さが100倍」という気持ちが、よく表れているので

はないでしょうか。

ここで注目したいのは、「愛する」ではなく「愛してあげる」という言葉です。ちょっと恩着せがましい表現だと思いませんか？　自分が相手を愛するのは、「愛してあげる」ことであり、相手から感謝されて当然という気持ちが表れています。

それなのに、「愛してあげた」三星は、店長を愛し返すのではなく、他の女性「さとう」を好きだと言ったのです。これは店長には裏切りであり、「許されない」ことです。そのため店長は、三星に改めて「私の愛を教え込んであげた」というのです。

お分かりだと思いますが、「愛を教え込んであげる」のは、監禁して性的虐待をすることです。これは、反語的な使い方で、「優しく愛する」ということではなく、「痛めつける」ことで、うっかりすると誤解してしまいます。

このように、「愛する」「可愛がる」という言葉が、まったく反対の意味で使われることがあります。「アイツ生意気だから、ちょっと可愛がってやれ！」というときは、「優しくする」ではなく「痛めつける」ことです。「可愛がる＝痛めつける」という意味は、「やくざの世界」や軍隊、あるいは刑務所などでは時々出てきます。

それは別にして、先ほど店長が「愛してあげる」という言葉を使ったとき、恩着せがましい表現だと言いました。店長は、**「愛する」ことは見返りとして「愛される」ことを求めてもよい、と見なしている**のです。だからこそ、見返りがなかったことに激しく怒ったわけですが、「見返り」として「愛される」なんて、実際には当然視できませんよね。

愛に限らず、自分が相手にしてあげたことに対して、相手も同じようにお返しをするかどうかは、まったく分かりません。二人の関係がどういったものかに左右されますし、二人の考え方や感じ方にもよります。ですから、一方の人にとって当然あってしかるべきと

【図31】

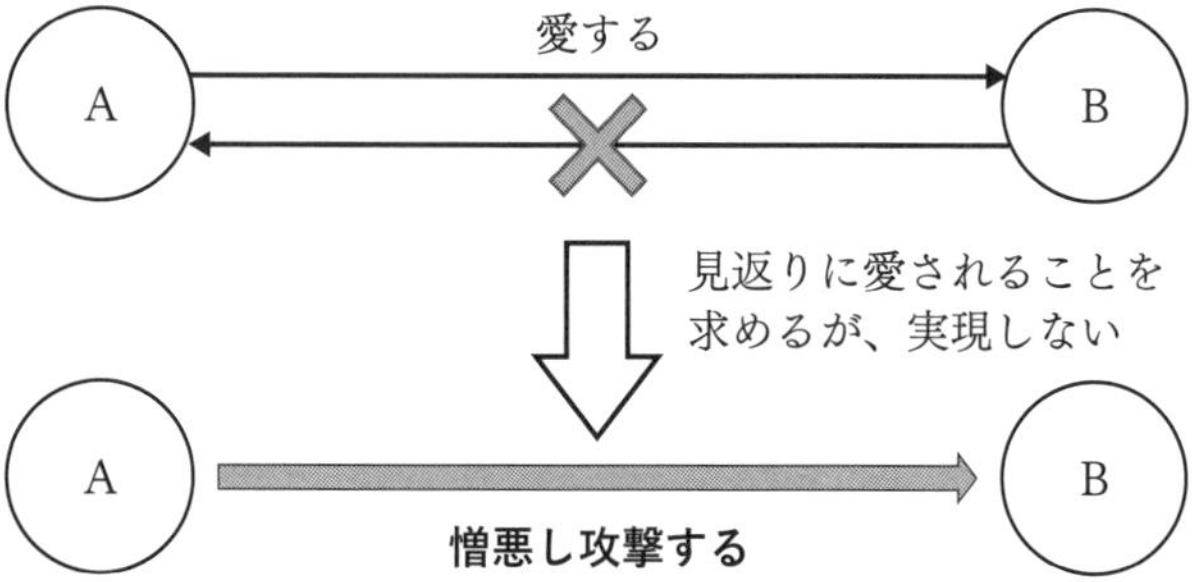
愛する
A
B
見返りに愛されることを
求めるが、実現しない
A
B
憎悪し攻撃する

考えることが、他方の人には別に必要ないと思うこともあるでしょう。

ただ、彼女のように見返りを当然視する人にとっては、相手から見返りがなければ不信感や嫌悪感が生じたり、時には憎悪だって引き起こしたりするかもしれません(図31)。そう考えると、店長の三星への態度は、もちろん尋常ではありませんが、理解するのはそれほど困難ではありません。

そこで、この店長の言葉をＡＩが理解できるかどうか、考えてみましょう。

そのために、「愛する」という言葉に、見返りとして「愛される」ことを求める、という条件を入れておきます。この条件が満たされないときは、相手に対して激しく攻撃するという反応を組み込んでおけば、見返りとし

未来日記

て「愛される」ことがない場合、ＡＩもまた憎しみを生み出すことになるでしょう。

◆排他的に独占する愛

さて、最初は可愛いと思えたものが「憎さが100倍」になってしまう要因の一つとして、「求めていた見返りが満たされない」ことを挙げました。他には何が考えられるでしょうか？

その条件を考えるために、まだ「憎しみ」になってはいませんが、やがて「憎さが100倍」になるかもしれない萌芽状態を見ておきましょう。『未来日記』（えすのサカエ／ＫＡＤＯＫＡＷＡ）で語られる、数々の言葉です。

この漫画は、「天野雪輝」（愛称「ユッキー」）という中学2年生の少年が、未来が書かれた日記（未来日記）を手に入れたことをきっかけに、自分の命を狙われるようになる物語です。同じクラスの「我妻由乃《ゆの》」という少女は、雪輝のことが好きなストーカーで、彼に付きまとっていたのですが、雪輝の命が狙われるようになって、あらゆる犠牲を払ってでも彼を守ろうとします。この由乃も未来日記を手に入れて、雪輝のために次のように述べています。

『ユッキーのためなら何でもするよ』
『絶対守るよょユッキー　何を犠牲にしてもも!!!』

このセリフを見て、どう思いますか？　もしかしたら、ほほ笑ましい「一途な愛」のように感じる人もいるでしょう。好きなあなたのためになら何でもする、何を犠牲にしても守ると言われたなら、少なからずうれしく思うのではないでしょうか。
しかし、由乃が持つ未来日記は、『雪輝の未来を10分刻みで把握する私の愛の「未来日記」』と語られています。どうでしょう。もしあなたが、他の人から10分刻みで把握されるとしても、あなたは「愛されている」といって喜ぶでしょうか？
その傾向を、もっとはっきりした形で示すのが次の言葉です。

――『ユッキーに友達なんて必要ないよ　私が一生ついてるからね…！』

未来日記

『未来日記』えすのサカエ／KADOKAWA

この言葉が恐ろしいのは、「愛する」というよりむしろ、「独占する」ことが前面に出ているからです。もちろん、通常の「愛」でも、独占的な欲求はあります。だからこそ、嫉妬もあれば、執着も起こります。

しかし、だからといって、相手を自分だけで独占してしまおう、というところまでは行きません。相手は自分とは違う独立した他人だからです。その人の行動・感情すべてを囲い込むことはできないのです。

そして、ここで注目したいのは、これまで述べてきたような、性（恋愛）対象になり得る「ライバル」だけを排除し警戒するのではなく、おそらくその対象には入らないであろう**「友達」すらも排除し完全な独占を図ろうとしている**点です。由乃の言葉には、排他的で独占的な愛の響きが漂っているのです。

由乃のこうした言葉は、「可愛さあまって憎さが１００倍」の予備軍と理解することができます。由乃の愛を拒絶しない限りは、「憎さが１００倍」にはなりません。ですが、ひとたび拒否しようものなら、殺されることだってあり得ますね。

物語がどの方向に進んでいくかは別にして、前述にも関連しますが、由乃のような独占的な愛の人は、相手から裏切られた場合、その反動として愛は憎しみに変わり、攻撃的になるというのはよくあることです。

では、ＡＩはこの言葉を果たして理解できるのでしょうか。そこで、この関係を図32に示してみます。由乃が目指しているのは、由乃の世界のうちに雪輝を引き込むことで、二人だけの世界をつくり出すことです。外部から他人が入ってくること、あるいは近づくことさえ拒絶し、雪輝との世界を維持しようと望むわけです。さしずめ、他人は「ばい菌」や「ウイルス」のようなものでしょうか。これが最初の段階ですね。

【図32】

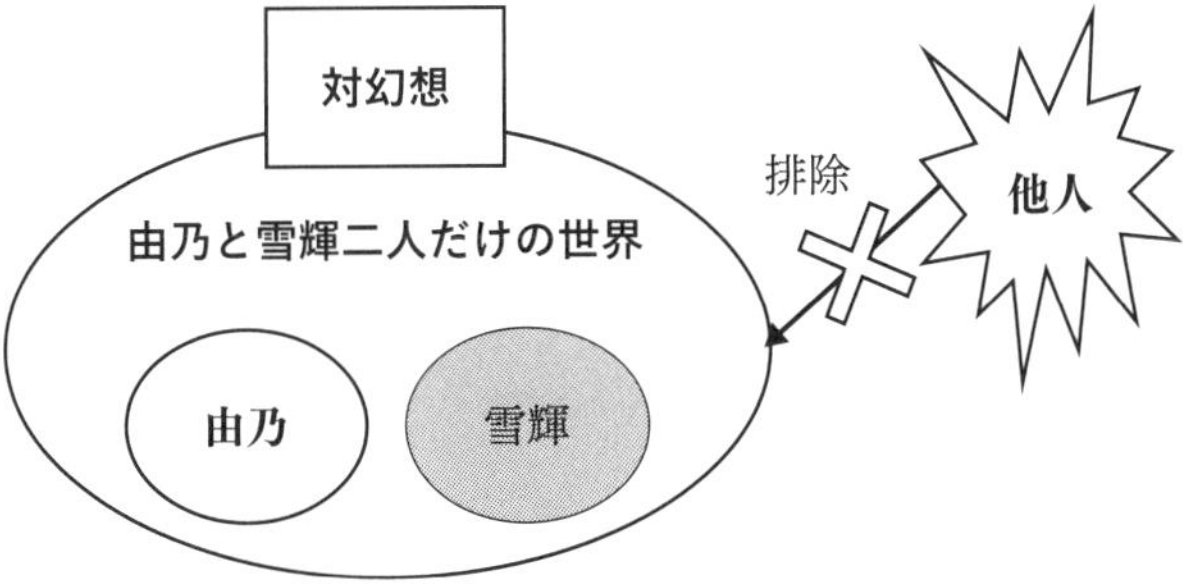

小さな子どもと親の関係も、こうしたものかもしれません。親としては、ウイルスに限らず外部には危険がいっぱいで、できるだけ排除したいと考えます。この時期は、子どもにとって親との生活だけがすべてという状態でしょう。ところが、ここに外部から他人が侵入するとどうなるでしょうか。あるいは、子どもが外部に目を向け、興味をもち、親との世界の外へ出たいと思うとき、新たな段階が始まるのです。

　これは恋愛も同じで、基本的には**二者の間で共通の世界をつくることを幻想します**。詩人であり評論家でもある吉本隆明はこれを「**対《つい》幻想**」と呼んでいますが、恋愛も家族も、実は対幻想の中で展開されます。

　ただし、「対幻想」といっても、その強弱はさまざまで、二人の絆を強く求める人もいれば、緩やかな関係で満足する人もいます。強い絆を求める人は、その幻想世界に他人が侵入することに強く反発したり、相手が外へ興味を示したりすることを極度に嫌います。由乃の場合がちょうどそれに当たります。

こうした形で図示したとき、AIが由乃の言葉を理解できないとは思えませんね。『ユッキーに友達なんて必要ないよ　私が一生ついてるからね…！』というのは、由乃の世界（対幻想）を示す言葉で、排他的で独占的な世界を描いています。このとき外部から侵入者があれば、「絶対守るよ　何を犠牲にしても」というわけです。

◆相手を完全に支配する愛

支配する愛が出てきたので、実際にその支配関係と愛の構造についてもう少し掘り下げてみます。

そのために、池袋の街を舞台にした『デュラララ!!』（成田良悟／KADOKAWA）という作品を取り上げたいのですが、多くの人物が登場し、事件や背景が複雑に絡み合っているので、ストーリーについては実際に読んでいただく他ありません。しかし、話の流れは別にして、次の言葉はそれだけ取り出しても、インパクトがあります。姉と弟の関係について語られるものです。

『自分と同じ境遇である弟に、家族の繋がりを強く求める様になり始めた。それは次第に姉としての家族愛を通り越し、次第に一方的で歪んだ愛情へと変化を遂げていった。』

一見したところ、姉の弟に対する家族愛が示されているように思えますが、この愛が「一方的で歪んだ愛情」へ変化するのです。可愛い弟に対して「憎さが100倍」になるのですが、問題はそのどこが「歪んだ愛情」なのかという点です。

この姉弟には、伯父さんがいるのですが、彼が20年前に、海外で「人間の首を模した剝製」を手に入れて密輸していたのです。その「首」は、『生きているかの様に美しく、まるで眠っているかのようだった。美しい少女といった感じのそれは、悪趣味なものではあったが不思議と残酷さは感じられず、まるで首だけで一つの生き物であるかの様な印象を周囲に与えていた。』と説明されています。

そして、彼女の弟は「伯父以上にその『首』に惹き付けられてしまった」わけです。あるとき、弟は姉に次のように言います。『姉さん。僕、好きな子がいるんだ』と。「首」を、好きな子だと言ったわけですね。これ自体奇妙な愛情のように見えますが、それに対する姉の感情が、もっと奇妙に見えるのです。彼女は次のように感じていたからです。

『弟が好きだと言ったその娘には、名前も――首から下の身体も存在しなかった。その時に波江（＝姉）の中に浮かんだ感情は、弟の異常な性癖を哀れむ憐憫《れんびん》の情ではなく――紛れも無い、赤黒く錆《さ》び付いた嫉妬の炎だった。』

これを読むと、一瞬は「えっ？」という軽い疑問が生まれますね。弟が好きな子は「首」であり、言うまでもなく生きている人間ではありません。それを聞いて、姉は「嫉妬の炎」が燃え上がったわけです。弟も姉も、どちらも普通の感覚では理解できそうもない、と思いますよね。ましてAIだったら、それ以上に理解できないだろうとなりそうですが、果たして、そうなのでしょうか？

場面も登場人物も違いますが、それを解く鍵として次の言葉に注目しておきましょう。文脈は分からないと思いますが、言葉に注目してください。

『ええ、私も最初は、罪歌の言ってる事が間違ってると思ったの。だけどね……少しずつこの子の話を聞いてたら……それが正しいって解《わか》ったの。相手を完全に支配する事……相手の心に完全に自分を植えつける事が、永遠の愛の形なんじゃないかって』

ここで「罪歌」と呼ばれているのは、妖刀のことなのですが、その点は無視して読んでください。ポイントになるのは、最後の部分です。「相手を完全に支配すること」「**相手の心に完全に自分を植えつけること**」――これを、「**永遠の愛の形**」と語っている点です。そこで、これを「**相手を完全に支配する愛**」と呼んでおきましょう。

さて、この点を確認したところで、再び弟と姉の関係に立ち返ってみます。最初に、姉の弟に対する愛情（「家族愛」）は、姉が弟を「完全に支配する愛」だったと言えます。ところが、次に弟が「首」のことを好きになってしまいます。これは、弟が「首」に対して「完全に支配する愛」を感じたのでしょうか。おそらくそうではありませんね。むしろ、「首」のほうが弟を「完全に支配した」と考えられます。

【図33】

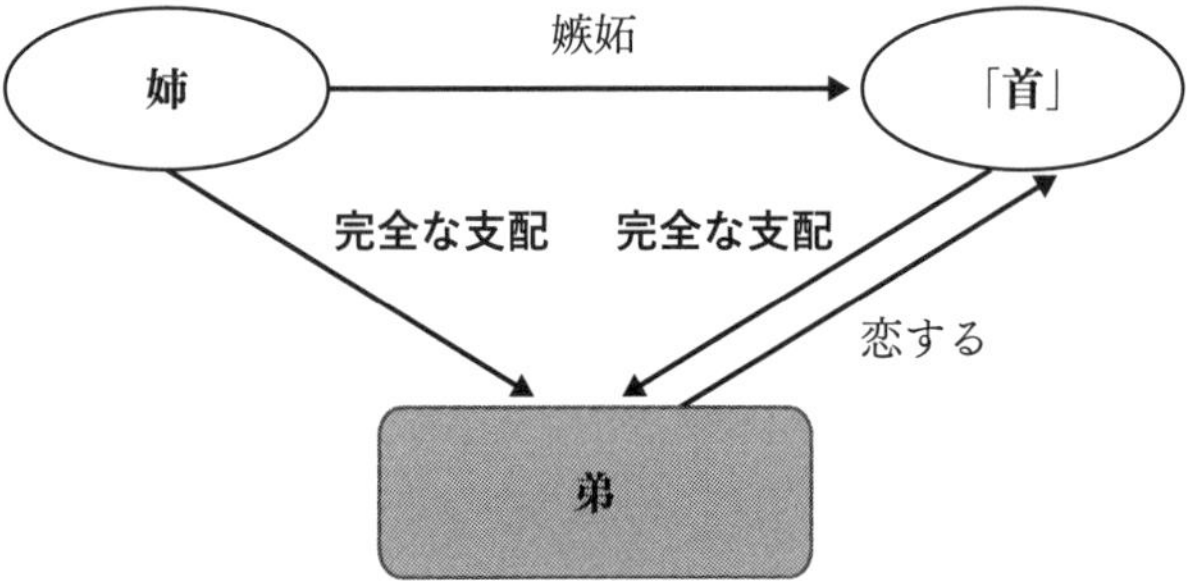

そうなると、弟を支配する人が二人いることになります。姉と「首」とが、弟の支配をめぐって対立している構図になりますね。

以前は自分が弟を完全に支配していた（永遠の愛）はずが、そうではなかった。弟を支配しているのは自分だけではない、つまり、「完全な支配（＝永遠の愛）」ができていないことに気づいたからこそ、姉の中に「嫉妬の炎」が燃え上がったのです。この関係を図示すると、図33のようになります。

親をめぐって兄弟間で激しく対立することは、旧約聖書以来よく知られていますし、フロイトの精神分析学のテーマでもありました。本項で解説したものに共通していますが、今までは支配していると思った相手（可愛い子）が、他のものを好きになったとき、その愛情は憎しみに変貌するわけですね。

このように見れば、一見したところ異常な愛で理解しがたいような「愛」も、ＡＩでさえ難なく理解できるのが分かります。

第5章

「家族×愛」を理解できるか?

❖おじさまと猫
❖Nのために
❖ミステリと言う勿れ
❖アガサ・クリスティー

「家族」の形と「愛」の形

家族が人間にとって不可欠の条件であることは、歴史を見れば明らかでしょう。フランスの人口統計学者エマニュエル・トッドによれば、『家族構造（中略）は、当事者のあずかり知らぬところで、政治的な価値と教育上のパフォーマンスを条件づける。』とされます（『我々はどこから来て、今どこにいるのか？』堀茂樹訳／文藝春秋）。

ところが、家族の崩壊が今大きなニュースになっています。子どもを虐待したり、殺害したりする親もいれば、逆に子どもから暴力を受けたり、殺害される親もいます。また、人間ではない動物を家族と見なす人も増えています。さらには、家族をつくらない人々も少なくありません。昨今では「家族」の問題として少子高齢化が叫ばれていますが、もっと深いところで歴史的な大転換が起こっているのではないでしょうか。

人間が家族を形成することに関しては、古くから異論も提出されていました。古代ギリシアの哲学者プラトンは、『国家』（藤澤令夫訳／岩波書店）の中で有名な主張をしています。

『これらの女たちのすべては、これらの男たちすべての共有であり、誰か一人の女が一人の男と私的に同棲することは、いかなる者もこれをしてはならないこと。さらに子供たちもまた共有されるべきであり、親が自分の子を知ることも、子が親を知ることも許されないこと、というのだ』

もっとも、プラトンはこの「妻子共有制」が可能かどうかは不問にしていますが、家族否定論としては理想的なモデルと言えそうです。実際の歴史が家族解体の方向へ向かうかは分かりませんが、今までの家族のあり方に亀裂が入っているのは間違いありませんね。

こうしたことを念頭において、さまざまな家族の愛の言葉を見ていきましょう。猫や犬などを家族と見なす人々、そして人間の親による子どもへの虐待や暴力などを取り上げますが、このとき「当事者のあずかり知らぬところで」、歴史的な大転換が進行しているのではないでしょうか。また最後には、家族といった人間の制度が人生にどんな影響を及ぼすのか、考えることにしましょう。

「ペットも家族」を理解できるか？

◆自分を待っていてくれる存在

ある知り合い（50代男性）と話していたとき、ペットの話題になりました。彼の家で犬（トイ・プードル）が飼われていることを思い出し、何気なく聞いてみたのです。

「そういえば、トイ・プードルってどう？」

（ニコニコ笑って）「可愛いですよ！」

「あー、そう」

聞いたにもかかわらず失礼な話ですが、気のない返事をすると、知人は堰《せき》を切ったように説明し始めました。

「家に帰って玄関のドアを開けて、『ただいま』と言っても誰も返事しないんですよ。でも、家には妻も子どももちゃんといるんですよ！　そのとき、犬だけは一目散にやってきて、私を出迎えてくれるんです。しっぽを振って、私にジャレつく姿を見ながら、『お前だけだな、私の帰りを待ってくれているのは』といつも言っていますよ」

この話を聞いていて、たしかに、ここにペットへの愛情の基本があると思いました。「**自分を待ってくれるものがいる**」という思いは、相手が人であれ動物であれ、違いはありません。逆に、この世の中で、誰（あるいは何）も自分を待っていなければ、「自分はいったい何のためにここにいるのか」、分からなくなるのではないでしょうか。

猫や犬は、人間と共同生活するようになって、長い歴史があります。最近では、少子高齢化や単独世帯の増加もあって、空前のペット・ブームになっています。「ダンナよりペットが大切」という人もいるとか。ペットは、家族どころか、「家族以上」の存在になっているのかもしれません。

◆ペットは飼育するものではなく、苦楽をともにする家族

日本で現在、どれほどペットが飼われているか、ご存じでしょうか。2020年の調査ですが、犬は848万9000匹、猫は964万4000匹となっています（ペットフード協会による調査）。合わせると、1813万3000匹にもなっていて、なんと日本の15歳

「ペットに関する意識」調査

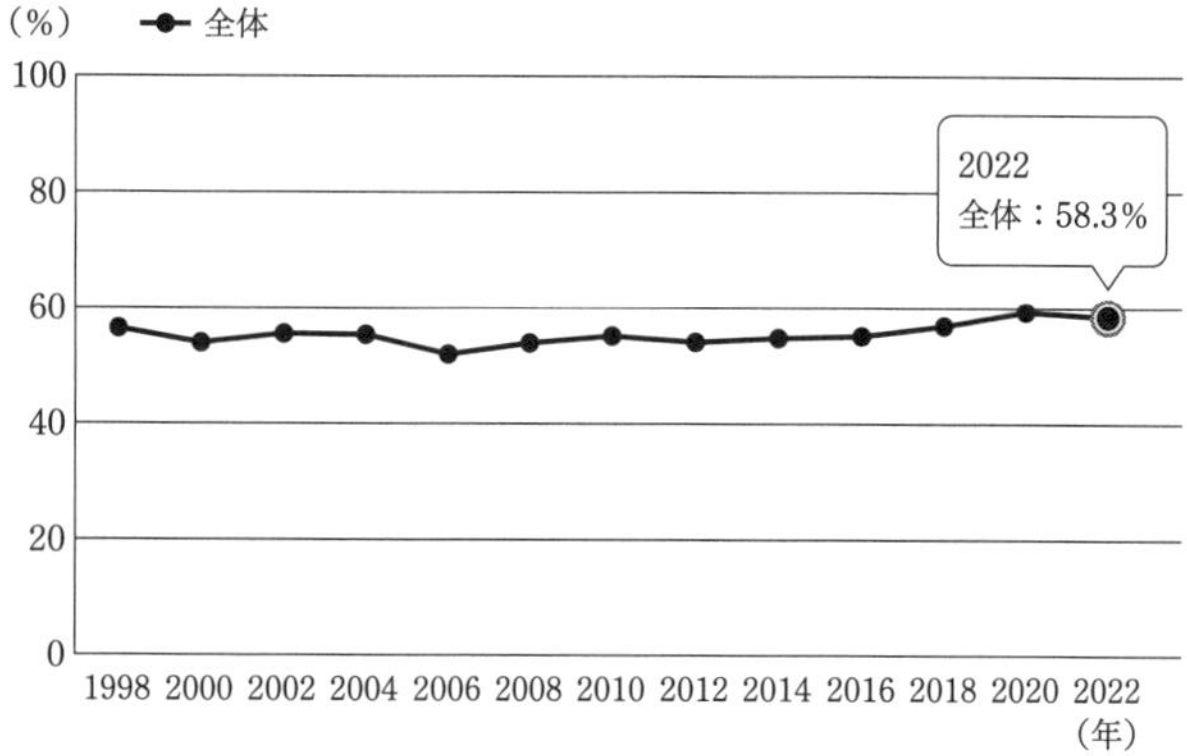

参考：博報堂生活総研「生活定点」調査

未満の人口より多いそうです。つまり、子どもよりもペットの数のほうが多いわけです。

しかし、注目すべきは、ペットの数だけではありません。ペットを家族の一員だと見なす人が多いのです。上の『「ペットに関する意識」調査』のグラフを見てください。「家族について、あなたに当てはまるものを教えてください」という質問に対し、「ペットも家族の一員だと思う」と答えた人の割合は、全体の半数を超えていました。

こうした状況を考えると、もはや「ペットを飼う」という表現は適切ではないように思えます。むしろ、「ペットと一緒に過ごす」と言うべきかもしれませんね。犬や猫は「飼育動物」というのではなく、生活をともに分かち合う仲間になったのではないでしょうか。

◆出会えた幸福から行動への愛が深まる

夏目漱石の『吾輩は猫である』をもちだすまでもなく、日本では「猫文学」の伝統が根づいています。猫があたかも人間のように観察し、人間世界を辛辣に描くのは、お家芸と言えましょう。そのため、最近の漫画『おじさまと猫』（桜井海／スクウェア・エニックス）を読んだとしても、違和感なくスッと物語に入っていけるのではないでしょうか。

この作品は、2017年に作者のX（旧Twitter）アカウントから発表されたものですが、反響が大きく月刊誌で連載され、さらにはテレビドラマにもなりました。いったい何が、読者の心を捉えたのでしょうか。

物語は、「神田冬樹」という初老の男性が、ペットショップで売れ残っていた一匹の「成猫」を購入することから始まります。神田には、子どもが二人いますが、すでに独り立ちしています。また、妻は亡くなっているので、家で一人暮らしなのです。その寂しさは、容易に想像できますね。

彼が猫を飼うことになったもともとのきっかけは、妻が生前に『子供たちが大きくなって手が掛からなくなったら飼ってもいい？』と言っていたことにあります。この計画は結局、妻が亡くなってから実現されることになったのです。つまり、夫婦で猫を飼うのではなく、妻に先立たれ、一人ぼっちになってから、妻の願いを実現したわけです。その猫は、「エキゾチック・ショートヘア」という種で、鼻がつぶれており、世の中では「ブサカワ猫」とも呼ばれています。

ペットショップで購入を検討する人のほとんどは成猫を避けるでしょうが、神田はこの猫をショップで見て、ひと目惚れしてしまい一緒に暮らし始めるのです。名前は、『お前に出会えたことが幸福だから』という理由から、「ふくまる」と名付けました。実際、ふくまると生活し始めてから、神田はその愛しさや「幸福」を、次のように語っています。

『うちの子が一番可愛い　その言葉に誰かの同意がほしいわけじゃない　ふくまるに出会ってわかった　飼い主はそう言いたくて言いたくて仕方がないだけなのだ』

この感覚、ペットを飼っている人はたぶん同意されることでしょう。しかし、よく考えてみると、この表現は以前だったら自分の子どもに対して使われていました。子どものない身からすると、他人さまの家の子どもを「可愛い」と自慢されても、ちょっと引いてしまうのですが、最近ではこれがペットにまで移ってきたわけですね。

ここから分かるのは、ペットがすでに家族の一員になっていることです。実際、次のような神田の独白だけを読むと、その対象がペットなのか、恋人なのか、幼い子どもなのか区別できませんね。

『今日は走って帰ろうか　いつもと同じ帰路が街が…眩しいくらいキラキラ輝いて見える　ふくまる　早く君に会いたいよ』

もちろん、これほどペットへの愛が高まるには、ペットの側からの切ないほどの行動があります。飼い主が出かけるときはその後を追い、窓からじっと見つめ続けるのです。また家に帰ってくると、「ずっと待ってました」と言わんばかりに、玄関に鎮座しているわけです。こうした行動を見て、ペットへの愛を感じない人はほとんどいないでしょう。

今日《きょう》は走《はし》って帰《かえ》ろうか
いつもと同《おな》じ帰路《きろ》が
街《まち》が…
眩《まぶ》しいくらい
キラキラ輝《かがや》いて見《み》える
ふくまる
早《はや》く君《きみ》に会《あ》いたいよ
ハア
ハア
ハア
窓辺《まどべ》にはいないか
あれは嬉《うれ》しかったな
ガチャ
ふくまる

【図34】

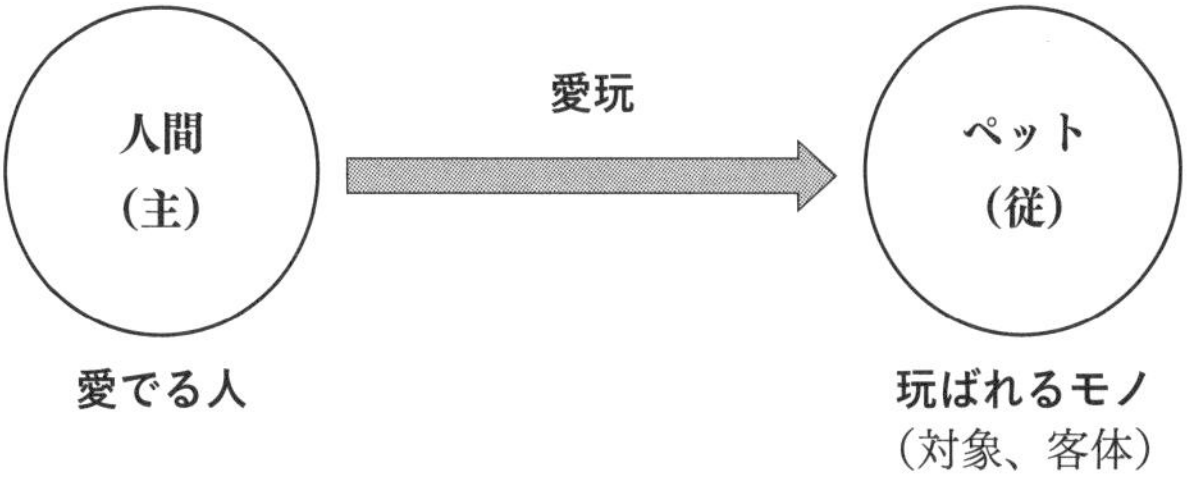
人間
（主）
愛玩
ペット
（従）
愛でる人
玩ばれるモノ
（対象、客体）

◆ペットという言葉は適切か？

だとすれば、「ペット」という表現は、もしかしたら不適切かもしれませんね。この言葉の語源については諸説あるようですが、現在のニュアンスとしては「愛玩動物」となります。このときポイントは、人間が主（主人、主体）になり、動物がその対象（従者、客体）となることです。人間が愛《め》で、玩《もてあそ》ぶモノ（対象、客体）――それが「ペット」になります。

言ってみれば、人間とペットは「人―物」関係、あるいは「主―従」関係のように、一方的な支配が基本なのです。この関係は、図34のように示すとよく分かります。

ここには、「ペット」の側からの人間への働きかけは、想定されていません。あくまでもご主人さまの楽しみが目的なのです。

もちろん、こうした感覚でペットを飼われている人も、少なくないでしょう。キリスト教の伝統では、神が人間を支配するように、人間が他の動植物を支配すると考えられています。家畜にしても、飼育にしても、動物は人間の都合によって使われてきました。猫や犬の歴史は、そうした人間支配の歴史といっても過言ではありません。

ところが、最近では人権だけでなく、「動物の権利（アニマル・ライツ）」も叫ばれています。人間の世界に「奴隷制」が許されないように、人間と動物の世界にも「動物奴隷制」からの解放が必要だと主張されているのです。

◆ペットから「視線」のある伴侶種へ

この流れの変化を理解するために、アメリカのダナ・ハラウェイの議論を紹介しておきましょう。言うなれば、「おばさまと犬」の話ですが、前の話とはテイストが少し違います。

ハラウェイには『猿と女とサイボーグ』（高橋さきの訳／青土社）という著書があります。そこで示唆されるように、種類の違うものたちの協働関係がテーマになっていました。その考えに基づいて、ハラウェイは「伴侶種(companion species)」という言葉をつくり出し、「人と犬はコンパニオン・スピーシーズである」と言うのです。

では、ペット(pet)と伴侶(companion)はどう違うのでしょうか。

先ほど見たように、ペットは「愛玩(動物)」とも訳され、人間が楽しむための対象にすぎません。それに対して「**コンパニオン**(**仲間、つがい**)」**というのは、人間と同じように一つの主体として自分の感情をもち、考えに基づいて行動する**のです。

たとえば家に帰ってきたとき、犬が一目散にやってきてジャレついてくるのは、その人の帰りを喜び、それをからだ全体で表現しているからです。そうした姿を見るからこそ、人も同時に喜ぶのです。ここには、人間に対する「**応答**」、つまり**人間との協働関係**があります。

また、「コンパニオン」としての犬は、「**視線**」**をもった主体**とも言えます。私たちが他人の視線を感じたとき、その背後にはさまざまな思いや考えが潜んでいる、と思うでしょう。それと同じようにハラウェイは、人と犬との生活を次のように表現しています。

『尊重する、応答する、何度も振り返る、厚遇する、注意する、丁重にふるまう、尊ぶといったことは、すべて、(中略)種と種が出会うときと場所に結びついている。出会いに際して、つまり尊敬や敬意を払うにあたって、伴侶(companion)と種(species)を結びつけることは、一緒になる(becoming with)という世界――「誰と」や「何と」がまさに問題となっている世界――に足を踏み入れることである。』

(『犬と人が出会うとき』高橋さきの訳/青土社)

ハラウェイは「犬派」ですので、ここで描かれているのは人と犬との生活です。ですが、「伴侶種」であるのは、もちろん「犬」に限る必要はありません。私たちがすでに、犬や猫を「ペット」ではなく、むしろ家族の一員と見なしているとすれば、彼らを「伴侶」と考えているわけです。

その動物が「伴侶」になるかどうかの分かれ目は、人と同じように「視線」の有無にあるように思えます。ハラウェイは「種」の語源を辿りながら、「見る」ことと結びつけて、次のように述べています。

【図35】

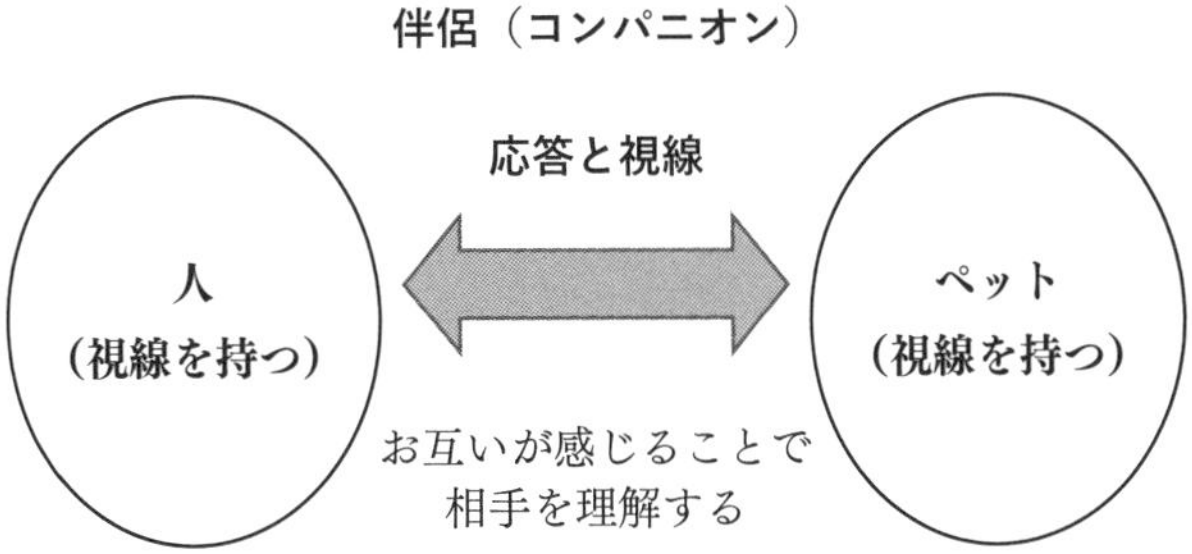
伴侶（コンパニオン）
応答と視線
人
（視線を持つ）
ペット
（視線を持つ）
お互いが感じることで
相手を理解する

『種（species）という語彙もまた、古い重要語のご多分に漏れず雑多なのだが、この語彙は、味覚よりは、視覚の方に関わっている。ここでは、ラテン語のspecereが、ものごとの基本にあり、このspecereには、「見る」「凝視する」といったニュアンスがある。論理的には、種とは、精神的な印象や概念のこと』

このエティモロジー（語源説）に依拠すれば、他の動物と「伴侶種」になり得るかどうかは、その動物からの「応答」だけでなく、「視線」を感じるかどうかにあるでしょう。ペットではなく「コンパニオン」になるのは、ともに生活する場面で、相手を見るだけでなく、相手の視線を感じ、それによって相手の心が理解できるからに他なりません（図35）。

「ふくまる」のように感情表現が豊かで、飼い主の動きや反応、表情を見て反応するような猫は、特別ではありませんね。うれしいことがあれば喜ぶし、嫌なことがあれば怒って拒否し、寂しいことには悲しむわけです。この反応は、人間と変わりませんし、むしろ人間以上にはっきりしているかもしれません。

そう考えると、「ペット」ではなくれっきとした「家族」である、と主張する人についても、無理なく理解できるでしょう。

「本当に無条件に愛されているのは親のほう」を理解できるか？

動物の映像を見ていると、時々感動的なシーンが流れ、多くの人の胸を打つことがあります。特に、動物の母親が自分を犠牲にしてまで、わが子を守ろうとする姿です。

たとえば、ヒナへの注意をキツネからそらすため、羽が傷ついたふりをしてキツネの前に身を投げ出す母キジ。子どもを守るために毒ヘビにかみつく母ウサギ。あるいはライオンの群れに突進するカバの母親など、例を挙げればきりがありません。

動物は一般に、恐ろしい相手に出会うと、一目散に逃げだすかフリーズするそうですが、子を守るために母親が取る態度は違っている――こんな風に、しばしば礼讃されてきました。

ただ、動物行動学者によると、「利己的遺伝子」のなせる業とされたり、神経科学者ならば「オキシトシン」のメカニズムで説明したりするようです。

生物学的メカニズムによるのかどうかは別にして、古くから「子に対する母親の無償の愛」は繰り返し語られてきました。

◆親の愛は本当に「無条件の愛」か？

一般に、子に対する親の愛を考えるとき、父親と母親とでは異なると考えられています。たとえば、エーリッヒ・フロムはその違いをこんな風に語っています。

『母の愛は無条件だ。（子どもが）しなければならないことといったら、生きていること、そして母親の子どもであることだけだ。母の愛は至福であり、平安であり、わざわざ苦労して獲得する必要もなく、それを受けるための資格があるわけでもない。』

『父親との関係は、それとはまったく異なる。（中略）父親の愛は条件つきである。「私がおまえを愛するのは、おまえが私の期待に応え、自分の義務を果たし、私に似ているからだ」というのが、父親の愛の原則である。』

（『愛するということ』鈴木晶訳／紀伊國屋書店）

【図36】

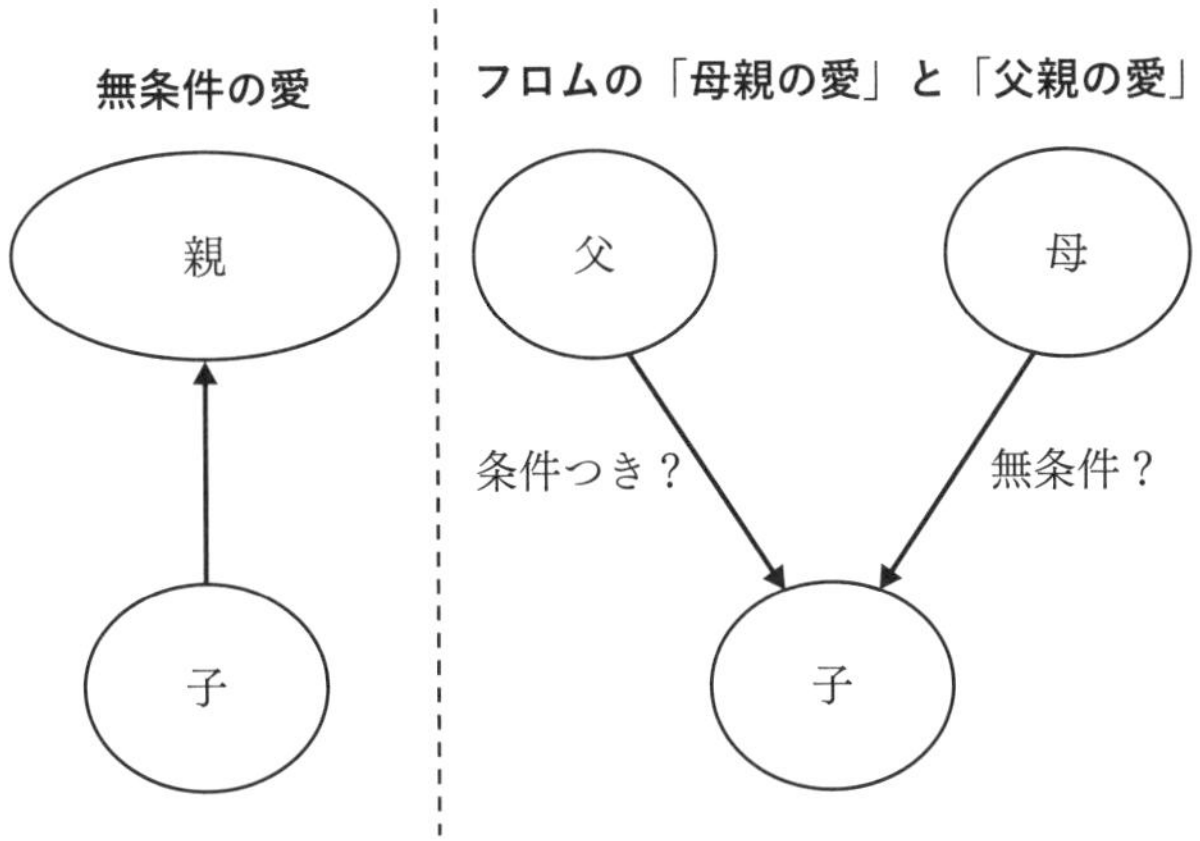

フロムが「母親の愛」と「父親の愛」を区別する（図36）のは、フロイトの精神分析論に基づいているのですが、こうした区別は、フロイト学派に限らずほとんど常識化されていますね。しかし、現代の感覚からすると、果たしてどうでしょうか。

まず、父親にしても母親と同じように、「わが子である」という理由だけで、その子を愛する人は少なくありません（父の無条件の愛）。また、母親にしても、まったく無条件というわけではなく、教育ママもいますし、子どもの価値を高めようと必死な人もいます（母の条件つきの愛）。

その点からいえば、「親（特に母親）の愛は無償の愛である」というのは、もしかしたら幻想かもしれません。現代ではむしろ、父親であれ母親であれ、必死になって子どもにさまざまな「箔《はく》」をつけさせたいと思っているように見えます。おそらく、極端に言えば内心では「自慢できる子どもでなかったら、恥ずかしいからいらない！」ということかもしれません。

それに対して、最近の傾向としてしばしば語られているのが、「**本当に無条件に愛されているのは親のほうである**」ということです。実際のところ、子どもは親を選べず、頼れる人は親しかいないため、どんな親であれ、生まれた瞬間から親に依存せざるを得ないのです。この依存関係を愛と呼べば、「子の親に対する愛」は無条件と呼べるかもしれません。

しかし、この親に対する子の愛が「無条件の愛」だとすると、不幸な結果を招く可能性もあります。

たとえば、親から虐待される子どものニュースが、しばしば報道されますね。それにもかかわらず、子どもが親を求めている姿を見ると、いたたまれない気持ちになるのではないでしょうか。

◆「愛」という名の暴力

そこで、当時話題になった二つの作品を見ることにしましょう。いずれも人気でテレビドラマ化もされているので、そちらを見たという方もいらっしゃるかもしれませんね。

まずは、『Nのために』（湊かなえ／双葉社）を取り上げることにします。ネタバレになるので細かな話は控えますが、この中で「西崎真人」という青年が登場します。この青年は、作家志望の青年なのですが、自分の幼いころを描いた「灼熱バード」という作品を書いています。

西崎は幼少期に母から虐待を受け、からだ中に火傷のあとがあります。これはもちろん暴力ですが、難しいのは、**母親が暴力とともに愛情をも表現している**点です。たとえば、子どもにあらんかぎりの暴力をふるった後で、母親はこう言っています。

『「痛かった？」やさしい声での問いかけに、力なく頷くと、母親の目から堰《せき》を切ったように涙が溢れ出した。

「ごめんね、ごめんね、ママのことをきらいにならないで。マーくんのおててから血が出てたでしょ。ママは大切なマーくんのからだに傷がついてしまったことが悲しかったの。ママがマーくんに痛い痛いをしてしまったのは、マーくんのことがきらいだからじゃないの。世界一愛しているからなの」』

なんとも痛ましいことですが、母親からの暴力が「愛」という名のもとで行われているのです。西崎青年は、このためにこそ、作品を執筆していると考えています。

『母親から受けた愛という名の行為。（中略）僕のことを「かわいそうな子」と言うヤツらに僕の物語を読ませ、母親とのあいだに愛があったことを気付かせてやりたい。いかなる行為においても愛が理由になり得るのだと、証明してみせるのだ。』

通常は、「愛」していれば、相手をいたわり優しくする、と考えられています。ところが、この母親は子どものからだから血が出るほどの暴力をふるい、痛めつけながら同時に「愛している」と言うのです。

こんな状況、子どもには理解できなかったはずです。理解できないからこそ、子ども（西崎）は「そうか、これが愛なのか」と自分に言いきかせ、納得するしかなかったのでしょう。

なぜならそのとき、西崎少年はまだ小学生で、母親と高層マンションで二人暮らしでした。二人だけの閉じられた空間の中で、母親に全面的に依存して生きる他なかったのです。その共依存の中で、愛という名のもとで暴力が繰り返されていました。その状況から抜け出すことの難しさについても、作品の中でこうつづられています。

『暴力が愛という言葉で許されるのなら、愛などいらない。世界の広さを知っていれば、子どもは母親にそう断言することができたのだろうか。』

こうした状況は、人類学者のグレゴリー・ベイトソンだったら、「ダブル・バインド」という言葉で説明したことでしょう。そこで、ベイトソンの議論を確認しながら、愛と暴力の絡み合った関係を見ていきましょう。

【図37】

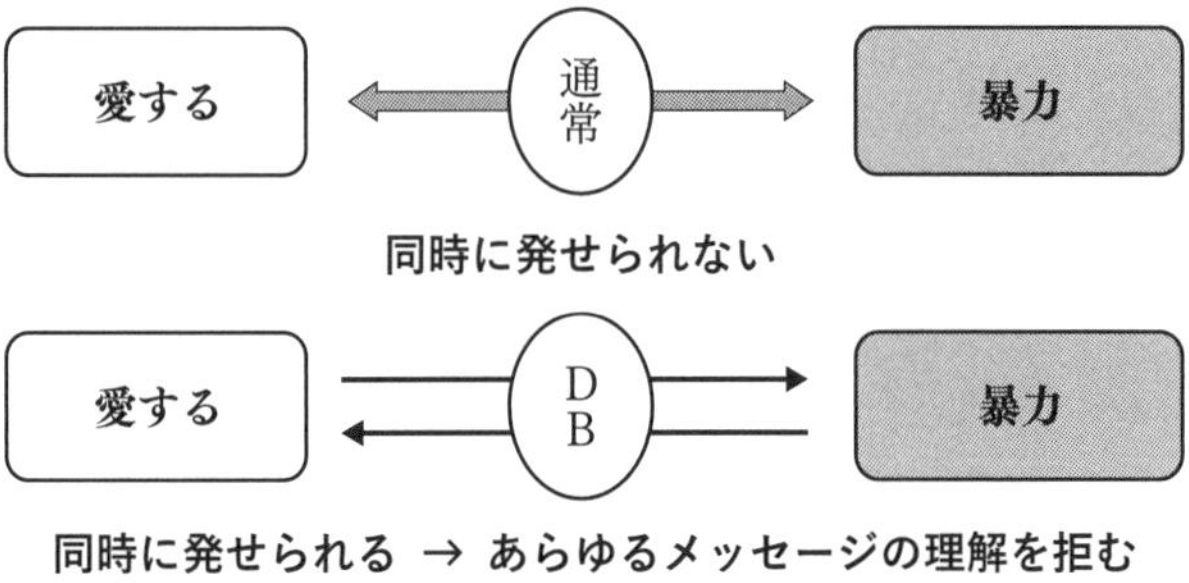
愛する
通常
暴力
同時に発せられない
愛する
DB
暴力
同時に発せられる → あらゆるメッセージの理解を拒む

◆「ダブル・バインド」状況

まず、「二重拘束」とも訳される「ダブル・バインド（DB）」とはどんなことでしょうか。簡単に説明するため、次のような例を考えてみます。

子どもに向かって、親が大きく手を広げニコニコ笑いながら、「こっちにおいで！」と声をかけたとします。それを見て子どもは、一目散に親のもとに向かって行くでしょう。それなのに、子どもが近づいてきたとき、親が子どもを思いきり殴ったとすれば、どうでしょうか。

おそらく、子どもはびっくりして、泣きだすに違いありません。しかも、何が起こったのか分からず、茫然としているでしょう。そこで親が再び、子どもに向かって、「どうしたの、ほらこっちにおいでよ！」と笑いかけたとします。そして子どもが近づいたら、また同じように殴られるのです。

これが繰り返されたとすると、親が発する「こっちにおいで！」というメッセージを、子どもはどう理解したらいいのか、分からなくなるはずです。その結果、子どもは、親が語ることに対して、理解することを拒否します（図37）。

では、このように対立したメッセージを発する「ダブル・バインド」状況に置かれ、それが繰り返し経験され、しかもそこから逃れられないとき、何が起こるのでしょうか。ベイトソンは、入院している若者について次のような報告をしています。

『統合失調症の強度の発作からかなり回復した若者のところへ、母親が見舞いに来た。喜んだ若者が衝動的に母の肩を抱くと、母親は身体をこわばらせた。彼が手を引っ込めると、彼女は「もうわたしを愛していないの？」と尋ね、息子が顔を赤らめるのを見て「そんなにまごついちゃいけないわ。自分の気持ちを恐れることなんかないのよ」と言いきかせた。患者はその後ほんの数分しか母親と一緒にいることができず、彼女が帰ったあと看護助手に襲いかかり、ショック療法の部屋へ連れていかれ

た。』（『精神の生態学へ』佐藤良明訳／岩波書店）

この若者の話を報告した後、ベイトソンは次のように語っています。『もしこの青年が「ぼくが腕を回すと決まって落ちつかなくなるんだから。お母さんはぼくからの愛情表現を受け入れられないんだ」というふうに言えたとしたら、破滅的な結果は避けられたに違いない。』

通常は、「愛する」ことと「暴力をふるう」ことは、まったく異なることだと理解されています。ところがある閉鎖的な環境（たとえば家庭）では、愛することが暴力に転化し、暴力が愛することへ転化しても、そこから逃れることができないのです。こうして、二つの対立するメッセージが発せられる「ダブル・バインド」状況では、あらゆるメッセージの理解を拒むようになります。

だからこそ、『「かわいそうな子」と言うヤツらに僕の物語を読ませ、母親とのあいだに愛があったことを気付かせてやりたい。』と西崎は思ったのでしょう。

◆愛さえ示さない暴力にも、子どもは愛を見いだすか

『Nのために』の西崎青年の親のように、愛することと暴力をふるうことが同居している人は時々います。それだけでなく、愛さえも示さない親もいます。こんな親をもってしまった子どもは、どうなるのでしょうか。

それを考える材料として、次に『ミステリと言う勿れ』（田村由美／小学館）を取り上げることにします。

このシリーズの第5巻では、「虐待されている・されていた子ども」がテーマになっています。もう少し具体的に説明すると、親に虐待されている子どもからの「依頼」によって、「炎の天使」を名乗る人物が、その親を焼き殺すという話です。

この話の流れを時系列に沿って、簡単に確認しておきましょう。

①幼い子どもが親に虐待されている
②子どもが、虐待する親の殺害を依頼する
③「炎の天使」が虐待する親を焼き殺す

④子どもは虐待から解放され、幸せになる

このときポイントになるのは、「子どもが親の殺害を依頼する」という点です。つまり、親が殺害されたのは、子ども自身が望んだことで、他の人が勝手に行ったことではないとしているのです。

したがって、虐待する親が殺されたら、子どもは喜ぶに違いないと思いますよね。実際、実行者である「炎の天使」もそう確信して、子どもの願いを叶えたわけです。ところが、親が死亡した後、子どもはどうなったのでしょうか。「炎の天使」はこう言うのです。

『僕はあの子たちを助けたと思ってた　みんな幸せになってると思ってた』

つまり、実際には虐待する親が死んでも、子どもは幸せになっていなかったわけです。子どもの願いを叶えてあげたのに、なぜ子どもは幸せにならなかったのでしょうか。その理由は、このお話の最後に語られる、次の言葉にあります。

ミステリと言う勿れ

『ミステリと言う勿れ』田村由美／小学館

『そうだ　あの病院の倉庫で縛られてた夫婦のお子さん施設に保護されたそうですよ　お母さんに会いたい　お母さんに会いたいってずっと泣いてるそうです　やっぱりどんな目にあってても子供って…』
『そりゃそうだろ　どんな親でも子供は大好きだろー』

つまり、親から虐待されていたとしても、子どもは親に会いたがっているのです。どんな親であっても、子どもは親を愛するというのです。しかし、この話は、本当なのでしょうか。

◆「子どもから親への無条件の愛」は「毒親から強制された愛」か？

親が子どもに暴力をふるい、虐待するにもかかわらず、子どもは無条件に親を愛する

そりゃ
そうだろ
どんな親《おや》でも
子供《こども》は
大好《だいす》きだろー
焼き殺すとこだったのに
風呂光《ふろみつ》さん
池本《いけもと》さん
それ
いい話《はなし》じゃ
ないです
子供《こども》の
その気持《きも》ちに
大人《おとな》は
つけ込《こ》むので
はい
でも…
でも
母親《ははおや》も
追《お》いつめ
られている

『ミステリと言う勿れ』田村由美／小学館

ミステリと言う勿れ

――こう言われることがありますが、このように美談として語っていいのか、純粋な、無条件な愛であると、本当に言っていいのかという点については、すでに先ほどの『Nのために』で疑問を呈示できたでしょう。

一般の大人から見ると、相手から虐待や暴力を受けたら、その人に憎しみを抱き、反撃したりその場から逃げたりするでしょう。ところが、その相手が圧倒的な力をもっていて、しかもその場から逃げられないとしたら、闘うことなんかできませんよね。

言いかえると、相手を憎んだり、相手と闘ったりできるのは、お互いの力にそれほど差のないときなのです。実を言えば、こうした場合は、現実にはそれほど多くはありません。巨大な敵に一人で立ち向かうといえばヒーローのように見えますが、それほど簡単なことではないですね。

親と子ども（特に幼少の子ども）の場合が、この関係にあることはすぐに分かります。子どもは一人で生きていくことができませんし、親に立ち向かうほどの力も知識も持っていません。

【図38】

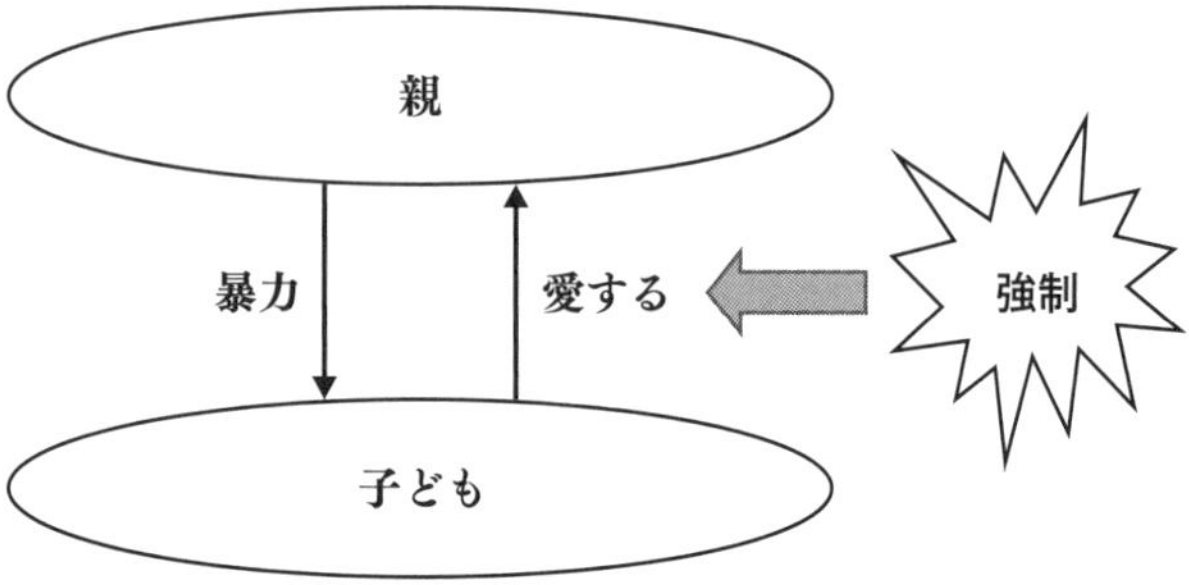

精神科医のスーザン・フォワードが、1989年に出版した『毒になる親(Toxic parents)完全版』(玉置悟訳／毎日新聞出版)の中で、「毒になる親」について語っています。日本でも流行し、「毒親」や「毒母」という語で使われるようになりました。

『世の中には、子供に対するネガティブな行動パターンが執拗に継続し、それが子供の人生を支配するようになってしまう親がたくさんいる。子供に害悪を及ぼす親とは、そういう親のことをいう。

私はそのような親をどう呼んだらいいのかとさんざん考えてみた。(中略)頭をよぎったのは、「有毒な」とか「毒になる」という言葉だった。(中略)こういう親によって子供の心に加えられる傷はしだいにその子供の全存在にわたって広がり、心を蝕んでいくからである。』

こうした「毒になる親」が子どもに関わるとき、**親は子どもに暴力をふるい愛を与えないのに、子どもには親を愛するように強制します**（図38）。

そのため、この関係の中で子どもが親を愛しているように見えるのは、実際には「強制された愛」と呼ぶべきなのかもしれません。小さいながら、子どもだって何も分からないわけではありません。だからこそ、この閉じられた環境から外に出たときには、偽装された強制的な愛は消えていくのです。しかし、その過程は簡単とは言えませんね。

「子どもは親を無条件に愛する」というのも、その本質は「親が子どもに押しつけた愛」にあると分かれば、その理解は難しくありません。

「愛せない家族」を理解できるか？

スイスの生物学者アドルフ・ポルトマンによると、人間は本来、母親の胎内であと一年間養育されるべきだった、とされています。脳が他の哺乳動物よりも大きくなったため、早産せざるを得なくなった、というのです。

そのため、生まれてすぐは親の保護・養育が必須になります。この「人間早産説」を前提とするかどうかは別にしても、人間にとって幼少期が、その後の人生のあり方に決定的な影響を与えるであろうことは、容易に推測できます。

はっきり言ってしまえば、先ほどの「毒親」や、近年言われている「親ガチャ」など、どの「家」に生まれたかによって、その子の人生が決まってしまうとも表現できますね。

たとえば、明治時代の初代文部大臣の森有礼（子爵）を祖父にもつ、仏文学者で哲学者の森有正は、『バビロンの流れのほとりにて』（筑摩書房）の中で、次のように書いています。

『一つの生涯というものは、その過程を営む、生命の稚い日に、すでに、その本質において、残るところなく、露われているのではないだろうか。僕は現在を反省し、また幼年時代を回顧するとき、そう信ぜざるをえない。この確からしい事柄は、悲痛であると同時に、限りなく慰めに充ちている。君はこのことをどう考えるだろうか。』

こう語るとき、彼が「生命の稚い日」を具体的にどう考えていたのかは問わないにしても、この言葉に多くの人が同意するのではないでしょうか。

どのような家に生まれ、いかなる家庭で育てられるかは、自分で決定できません。あくまで受容する他ないのですが、それにもかかわらず、自分をとりまくこの環境全体が、生き方に決定的な形で影響を与えるのです。

◆幸福な家族の肖像

幼年時代に与えられた愛がその人の生涯にどう影響するかを考えるために、二人の対照的な作家を取り上げることにしましょう。

まずは、イギリスのミステリ作家であるアガサ・クリスティーの場合です。彼女の小説はほとんどがベストセラーになり、「ミステリの女王」とも呼ばれています。その生涯は、概して順風満帆のように見えますが、彼女の幼き日はどうだったのでしょうか。

アガサ・クリスティーが1950年に書き始めた『アガサ・クリスティー自伝』（乾信一郎訳／早川書房）を読むと、その第一部冒頭に次のようなくだりがあります。

『人生の中で出会うもっとも幸運なことは、幸せな子供時代を持つことである。わたしは子供時代たいへんに幸せであった。わたしには家があり、大好きな庭があり、気がきいて辛抱強いばあやもいたし、父と母はたがいに愛し合い、結婚にも親であることにも成功していた。』

ただし、こうした言葉をどう理解するかは、少し注意が必要です。そこで、父と母について、それぞれ見ておきましょう。

『振り返ってみると、わたしたちの家は本当に幸せな家だったと思う。それはたぶんに父のおかげだった。（中略）父にはまったく卑しいところがなく、人をねたむこともなかったし、珍しいほど気前がよかった。そして生まれつき愉快で明朗な性格だった。わたしの母はまったくくちがっていた。母はどこか謎めいたところがあって、人目を引く人物だった。父よりも強烈な個性の持ち主で、考え方が驚くほど独創的で、また内気でひどく遠慮がちだったが、生来は憂鬱的な性質《たち》だったのだろうとわたしは思っている。』

この記述を読むと、母親には問題がありそうですね。実際、母親には独自のポリシーがあって、アガサは「正規の教育を受けないほうがいい」という母の信念のもとで育てられたようです。そのあたりを考えると、「父のおかげ」でクリスティ家の幸福も、なんとか維持されていたように思えます。しかし、その父も、1911年には亡くなっています。

この後、アガサにはもちろん、さまざまな出来事が起きますが、父の存命中の幼年時代が、何よりの幸福だったようです。そして、**この時代があったからこそ、その後に降りかかる困難にも、対処できた**ように見えます。

◆不幸な幼少時代の帰結

アガサの幸福な幼少期と比べて考えるために、日本の小説家である太宰治の場合を見てみましょう。彼は1909年生まれなので、1890年生まれのアガサよりも一世代後と言えますが、同時代として見ていいでしょう。彼は青森の大地主の家に生まれ、そこで幼少期を過ごしていますが、必ずしも幸福とは言えなかったようです。

ここでは、彼の晩年の作である『人間失格』（新潮社）を取り上げることにします。この作品は、あくまでも小説であるため、太宰の史実というわけではありませんが、もともと「私小説作家」とも呼ばれるように、自身の体験を色濃く残しています。幼年期を語る部分もあるのですが、そのとき、次の二つのことに注目したいと思います。

その一つは、家族が食事をするときの描写です。太宰は、次のように書いています。

『子供の頃の自分にとって、最も苦痛な時刻は、実に、自分の家の食事の時間でした。自分の田舎の家では、十人くらいの家族全部、めいめいのお膳を二列に向い合せに並べて、末っ子の自分は、もちろん一ばん下の座でしたが、その食事の部屋は薄暗く、昼ごはんの時など、十幾人の家族が、ただ黙々としてめしを食っている有様には、自分はいつも肌寒い思いをしました。それに田舎の昔気質《かたぎ》の家でしたので、おかずも、たいていきまっていて、めずらしいもの、豪華なもの、そんなものは望むべくもなかったので、いよいよ自分は食事の時刻を恐怖しました。』

大勢で食事をするのは楽しいひと時のように思えますが、太宰にとって「苦痛な時刻」であり、恐怖だったのです。時代から考えると、親子や他の家族と和気あいあいと食事するという習慣はなかったのでしょうが、それにしても子どもにとって食事が苦痛だというのは、その家の雰囲気がよく表現されていますね。

もう一つは、幼い子どもが経験する性的な虐待についてです。「一言も本当のことを言わない子になっていた」と述べていますが、これには他の人たちに「道化」を演じることがセットになっています。次のような理由があったのです。

『その頃、既に自分は、女中や下男から、哀しい事を教えられ、犯されていました。幼少の者に対して、そのような事を行うのは、人間の行い得る犯罪の中で最も醜悪で下等で、残酷な犯罪だと、自分はいまでは思っています。しかし、自分は、忍びました。これでまた一つ、人間の特質を見たというような気持さえして、そうして、力無く笑っていました。もし自分に、本当の事を言う習慣がついていたなら、悪びれず、彼等の犯罪を父や母に訴える事が出来たのかも知れませんが、しかし、自分は、その父や母をも全部は理解する事が出来なかったのです。』

幼少期の性的な虐待が不幸な出来事であるのは言うまでもありません。しかも、その事実を父や母に、あるいは誰にも打ち明けられないのは、いっそう不幸なことと言えます。太宰の父は地元の名士だったこともあり、多忙だったようですから、おそらく子どもの面倒を見ることはなかったでしょう。また、母親の方は病弱だったため、太宰が生まれてすぐ乳母や叔母などに育てられたようです。

こうした太宰の幼少期を考えると、家族から愛されたといった風景は見いだされませんね。彼は子どものときから、他人の前では「道化」の演技をして、決して自分の内面をさらけ出すことはしなかったのです。本来築かれるはずの親子関係（信頼関係や愛着）が、太宰家においては正常に築かれていなかったことが分かります。

【図39】

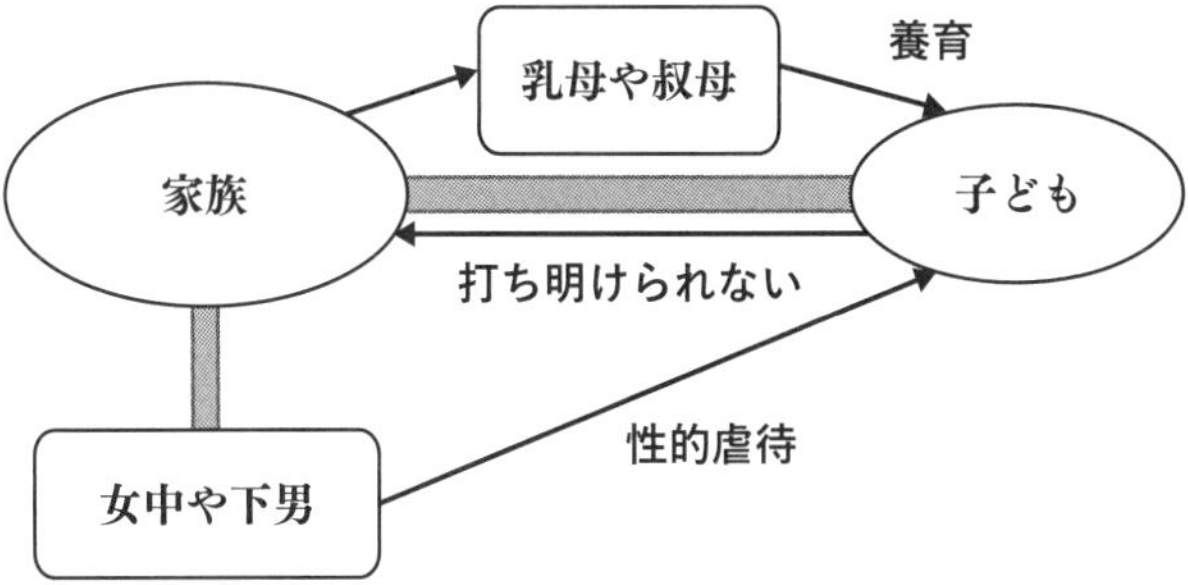

そう考えると、太宰にとって家や家族は、楽しい場所でも愛すべき対象でもなかったはずです。太宰は愛せない家族の中で、幼少期を過ごさざるを得なかったのです。
そうした家族関係により、性的虐待が密かに可能になってしまったとも言えるでしょう。また、『人間失格』での幼少期の描写は、その後の太宰の生き方を予感させるものと言えそうです。この小説自体が、入水心中した年に発表されたのは、偶然ではないかもしれませんね。

こうして見ると、アガサが『人生の中で出会うもっとも幸運なことは、幸せな子供時代を持つことである。』と語った意図も容易に理解できます。幼少期にどれだけ愛に満ちていて、家族関係が確かに構築されていたかというのが、人間の性質や感性を形づくり、以降の人生すべてを左右すると言っても過言ではないのです。

おわりに

本書の成り立ちについて、少しだけお話しさせてください。といいますのも、私にとってこの本を書くことは、まったく予期しない楽しい冒険だったからです。

この企画は、SBクリエイティブの編集者石島彩衣さんから話を伺ったことから始まりました。そのときの印象としては、(正直に言いますと)「えっ、そんな本書くの？」という感想でした。そして、具体的となった企画と参考書籍を見て私が最初に感じたのは、「AIが愛の言葉を理解できるか」というよりも、むしろ「オカモトは愛の言葉を理解できるか」ということでした。そう、試されていたのは、AIではなく人間オカモトだったのです。

本書でとり上げた「愛の言葉」についていえば、私にとって初見のものが少なからずありました。特に漫画にいたっては、題名すらも知らないものがほとんどでしたので、オカモトをテストするには好都合だったように思えます。

その結果、果たして合格点が取れたのかどうか、皆さんに採点していただけると幸いです。

そういうわけで、今回は、「人間（と思っている）オカモトは、〇〇の愛を理解できるか？」という形で、考えてみようと思った次第です。日ごろから私は、「私オカモトが理解できる（程度の）ことは、ＡＩであれば難なく理解可能である」と思っています。ですから、本書で私が「愛の言葉（形）」を理解できたとすれば、ＡＩにとっても理解できるのではないか、という一貫した姿勢をとっています。

それでも、「ＡＩは人間の言葉を理解できない」と主張する人がいます。その場合、理由としてしばしば語られるのが、「記号接地問題」という難問（？）です。これは、１９９０年に認知科学者であるスティーブン・ハルナッドが提起したものですが、サールが「中国語の部屋」で示したものと類似しています。

それによると、ＡＩが行っているのは言語記号の置き換えにすぎず、それをどんなに繰り返しても、記号の意味を理解できないというのです。たとえば、ハルナッドの例では、「馬」と「縞模様」を人間とＡＩが学んだとき、人間であれば「シマウマ」と聞いてその意味がわかるのにＡＩの場合はできない、とされます。その違いは、実際上「シマウマ」を経験したかどうかにある、と言われるのです。つまり、記号（「シマウマ」）が経験に接地しているかどうか、ということですね。

ただ、最近のＡＩ（Copilot）に尋ねてみると、人間（オカモト）が答える以上のことを教えてくれます。みなさんもぜひとも、試してみてください。だとすれば、いわゆる「記号接地問題」というのは、その当時（１９９０年）のＡＩの技術水準の上で立てられた議論にすぎないように見えます。

あるいは他の点から言えば、哲学で使う言葉（概念、記号）は、もともと「形而上学《けいじじょう》（具体的な経験を超えた学問）」的なものなので、どこにも接地しようがありません。たとえば、「心」とか「精神」という言葉を考えると、それがどんな意味なのかは、それぞれの使用例を確認するしかありません。まして、「神」のような言葉にいたっては、どこにも接地できないと思われます。とすれば、「神」を信じている人はどうなるのでしょうか？

「記号（しるし）」については、もっと語るべきことがありますが、この辺りでやめておきます。いずれにしても、言語を含め記号については、人間もＡＩも記号間の連鎖の中で考える他ないように思えるのです。さまざまな使用例から記号の意味を確定するのは、ＡＩに限らず人間も同じことではないでしょうか。

また、実を言えば、私の「経験」としては、「愛」という言葉は、実感としてほとんどイメージできないのです。私の年代的なものかもしれませんが、「愛しています」などという言葉は、どことなく白々しく、感覚的にはどこにも接地しません。にもかかわらず、それがどのように使われているかは、理解できます。そのような視点で、私は本書を書きました。この試みの成否については、皆さんに判断していただく他ありません。

最後になりますが、本書は企画から編集まで、SBクリエイティブの編集者石島さんに大変お世話になりました。構成案から資料集めまで、ほとんど担当していただき、私としては面倒な作業をお任せし執筆に専念することができました。そして本文全体の細かなチェックにより、私のもともとの文章より数段読みやすくなりました。この場を借りて、深くお礼申し上げます。

2024年7月吉日

岡本裕一朗

『her／世界でひとつの彼女』アスミック・エース配給
『哲学探究』ルートウィッヒ・ウィトゲンシュタイン著、鬼界彰夫訳／講談社
『鋼の錬金術師』荒川弘／スクウェア・エニックス
『資本論』カール・マルクス著､今村仁司・三島憲一・鈴木直訳／筑摩書房
『饗宴』プラトン著、中澤務訳／光文社
『エロス的文明』ハーバート・マルクーゼ著、南博訳／紀伊國屋書店
『いちばんすきな花　シナリオブック　完全版』生方美久脚本／扶桑社
『夫のちんぽが入らない』こだま／講談社
『人倫の形而上学』カント、熊野純彦訳／岩波書店
『最低。』紗倉まな／KADOKAWA
『恋愛論』スタンダール著、大岡昇平訳／新潮社
『いてもたってもいられないの』ぱったん／祥伝社
『社会システム理論』ニクラス・ルーマン著、佐藤勉訳／恒星社厚生閣
『チェンソーマン』藤本タツキ／集英社
映画『セックス・アンド・ザ・シティ』（2008年）ギャガ配給
『セックス・アンド・ザ・シティ』Season3 Episode12／HBO
『恋せぬふたり』吉田恵里香／NHK 出版
『家族消滅時代に突入！私たちの家族はどこに向かう？』日経クロスウーマン／2020年
『推しエコノミー』中山淳雄／日経 BP
『推しが武道館いってくれたら死ぬ』平尾アウリ／徳間書店
『【推しの子】』赤坂アカ原作、横槍メンゴ作画／集英社
『精神の現象学』（『ヘーゲル全集５』より）G.W.F. ヘーゲル著、金子武蔵訳／岩波書店
『ガチ恋粘着獣』星来／コアミックス
『ハッピーシュガーライフ』鍵空とみやき／スクウェア・エニックス
『未来日記』えすのサカエ／KADOKAWA
『デュラララ!!』成田良悟／KADOKAWA
『我々はどこから来て、今どこにいるのか？』エマニュエル・トッド著、堀茂樹訳／文藝春秋
『国家』プラトン著、藤澤令夫訳／岩波書店
『「ペットに関する意識」調査』／博報堂生活総研「生活定点」調査
『おじさまと猫』桜井海／スクウェア・エニックス
『猿と女とサイボーグ』ダナ・ハラウェイ著、高橋さきの訳／青土社
『犬と人が出会うとき』ダナ・ハラウェイ著、高橋さきの訳／青土社
『N のために』湊かなえ／双葉社
『ミステリと言う勿れ』田村由美／小学館
『毒になる親（Toxic parents）完全版』スーザン・フォワード著、玉置悟訳／毎日新聞出版
『バビロンの流れのほとりにて』森有正／筑摩書房
『アガサ・クリスティー自伝』アガサ・クリスティー著、乾信一郎訳／早川書房
『人間失格』太宰治／新潮社

参考文献（登場順）

『コンピュータには何ができないか』ヒューバート・L・ドレイファス著、黒崎政男・村若修訳／産業図書
『ジュ・テーム・モワ・ノン・プリュ － Je t'aime... Moi non plus － 』ジェーン・バーキン、ゲンスブール
『アンチ・オイディプス』ジル・ドゥルーズ、フェリックス・ガタリ著、市倉宏祐訳／河出書房新社
『ロミオとジュリエット』ウィリアム・シェイクスピア
『精神の生態学へ』グレゴリー・ベイトソン著、佐藤良明訳／岩波書店
『心・脳・科学』ジョン・サール著、土屋俊訳／岩波書店
『思考の技法』ダニエル・C・デネット著、阿部文彦・木島泰三訳／青土社
『物語の構造分析』ロラン・バルト著、花輪光訳／みすず書房
『お気に召すまま』ウィリアム・シェイクスピア著、松岡和子訳／筑摩書房
『ヒーローとリアンダー（Hero and Leander)』クリストファー・マーロウ／Classical Prints
『ハムレット』ウィリアム・シェイクスピア著、小田島雄志訳／白水社
『ソネット集』ウィリアム・シェイクスピア著、高松雄一訳／岩波書店
『愛するということ』エーリッヒ・フロム著、鈴木晶訳／紀伊國屋書店
『経済学・哲学草稿』マルクス著、城塚登・田中吉六訳／岩波書店
『愛の情念に関する説』（パスカル全集第1巻より）パスカル著、伊吹武彦・渡辺一夫訳／人文書院
『大辞林』第4版／松村明編／三省堂
『パンセ』パスカル著、前田陽一・由木康訳／中央公論新社
『人工知能に哲学を教えたら』岡本裕一朗／SB クリエイティブ
『ラ・ロシュフコー箴言集』二宮フサ訳／岩波書店
『みずうみ』川端康成／新潮社
『エロティシズム』ジョルジュ・バタイユ著、酒井健訳／筑摩書房
『春琴抄』谷崎潤一郎／KADOKAWA、角川学芸出版
『ウンコな議論』ハリー・G・フランクファート著、山形浩生訳／筑摩書房
『クラインとヴァーグナー』（ヘッセ全集6『デミアン』より）ヘルマン・ヘッセ著、高橋健二訳／新潮社
『愛することができる人は幸せだ』ヘルマン・ヘッセ著、フォルカー・ミヒェルス編、岡田朝雄訳／草思社
『沈黙』遠藤周作／新潮社
『レ・ミゼラブル』東宝東和配給
『ヨハネの手紙一』第4章、11-12／一般財団法人 日本聖書協会
『惜しみなく愛は奪う』有島武郎
『北斗の拳』（完全版）武論尊原作、原哲夫作画／コアミックス
『ダンマパダ（法句経)』今枝由郎／光文社
『源氏物語』紫式部著、玉上琢弥訳注／KADOKAWA
『精神分析学入門』フロイト著、懸田克躬訳／中央公論新社

著者略歴

岡本裕一朗（おかもと・ゆういちろう）

玉川大学名誉教授。1954年、福岡県生まれ。九州大学大学院文学研究科哲学・倫理学専攻修了。博士（文学）。九州大学助手、玉川大学文学部教授を経て、2019年より現職。西洋の近現代哲学を専門とするほか、哲学とテクノロジーの領域横断的な研究も行う。
著書に、『哲学100の基本』（東洋経済新報社）、『フランス現代思想史』（中央公論新社）、『いま世界の哲学者が考えていること』（朝日新聞出版）などがある。

SB新書　664

AIは「月《つき》が綺麗《きれい》ですね」を理解《りかい》できるか？

愛《あい》と人工《じんこう》知《ち》能《のう》を哲学《てつがく》する

2024年8月15日　初版第1刷発行

著　　者　岡本裕一朗《おかもとゆういちろう》
発 行 者　出井貴完
発 行 所　SBクリエイティブ株式会社
〒105-0001　東京都港区虎ノ門2-2-1
装　　幀　杉山健太郎
イラスト　別府　拓（Q.design）
本文デザイン
D T P　株式会社キャップス
図　　版
校　　正　有限会社あかえんぴつ
編　　集　石島彩衣
印刷・製本　中央精版印刷株式会社

本書をお読みになったご意見・ご感想を下記URL、
または左記QRコードよりお寄せください。
https://isbn2.sbcr.jp/25832/

落丁本、乱丁本は小社営業部にてお取り替えいたします。定価はカバーに記載されております。
本書の内容に関するご質問等は、小社学芸書籍編集部まで必ず書面にて
ご連絡いただきますようお願いいたします。

ISBN　978-4-8156-2583-2